目が合わない 言葉の遅れ
自閉 多動 奇声 パニック 自傷

発達障害は家庭で改善できる

エジソン・アインシュタインスクール協会代表
鈴木昭平

日本武道総合格闘技連盟理事長
ディヤーナ国際学園名誉学園長
小沢 隆

コスモ21

カバーデザイン◆中村　聡
本文イラスト◆奥田志津男

はじめに

どんなに発達が遅れた子でも改善できる！

今から6年前、私たちエジソン・アインシュタインスクール（ＥＥＳ）協会から一人の〝卒業生〟が出ました。それは川崎和夫君（仮名）という、今春、中学生になる男の子です。

彼は２０１０年にエジソン・アインシュタイン（ＥＥ）メソッドをスタート。私が初めて会ったときは、言葉の発達が遅い、会話ができない、呼んでもこちらを見ないなどの症状に加え、奇声を上げるなどの問題行動がありました。

親御さんにすれば本当に痛切な思いだったことでしょう。毎日が子どもとの闘いのようで、お母さんはほとほと疲れ果てているご様子でした。

その後、メソッドを開始。めきめき効果を上げ、半年で2年分、いやそれ以上の改善ぶりを示したのです。

当初、医師からも、臨床心理士からも、行政からも、「特別支援学級は絶対無理。特別支援学校しかない」と言われていたそうですが、改善の結果、めでたく普通学級に入学。お友達もたくさんできて、毎日を楽しく過ごしています。

もちろん親御さんからすれば「こういうことはまだ苦手」「ここはまだ課題」というところはあるでしょうが、それはどんなお子さんでも同じだと思います。

今の彼にはかつて「知的発達障害」と診断された、その影はみじんも見当たりません。

私たちEES協会には、このような奇跡の改善例が本当にたくさんあります。

そのなかでも、彼のような重い状態からここまで改善したということは、どんなに発達が遅れても、子どもの脳を育てることは可能であることを示してくれています。

とくにお伝えしたいのは、和夫君のお母さん、お父さんの取り組み方です。なぜなら発達障害の子どもを成長させるカギは親御さんにあるからです。

私たちは改善のためのメソッドを提供し、全力でサポートしますが、主人公はあくまでもお母さん（ご両親）です。

私の開発したEEメソッドは、言葉が遅い、じっとしていられなくて多動、目を合わせない、自閉症気味、奇声が夜中続く、体を壁にぶつける、といった問題行動のある育てにくい子どもから、発達障害があると診断された子どもたちまで、どんな子どもでも確実な成長を促す教育法であると自負しております。

すでにダウン症をはじめ、脳性麻痺や脳炎、脳梁欠損症など症状がかなり重くても、普通の発達段階にまで改善している子どもたちも出てきています。

この教育法は数多くの実践例によって裏付けられていますが、ただ「やれば効果がある」というものではありません。親御さんの愛情が大事なのはもちろんですが、何より親御さんがお子さんを細かく観察し、子どもの日々の小さな変化と成長を理解して働きかけを続けることが重要です。

発達障害の程度、改善の度合い、その子の状態に合わせたアプローチをし続けさえすれば、どんな子も必ず改善していきます。

川崎さん夫婦はそれを見事に成し遂げたのです。息子さんの和夫君の成長と発達に合わせて、的確な指導を家庭で行なった、まさにその集大成が今日の和夫君の姿です。

この川崎さんの子育て体験をみなさんに紹介することで、発達の遅れが心配なお子さん、発達障害のあるお子さんを持つ親御さんに、必ずや希望を持っていただけると確信しています。

決して一足飛びに改善した、うまくいったという話ではなく、改善前の苦悩、迷い、改善中に起こった問題なども隠さずお話をしていただいています。

和夫君のお父さんはその地域では定評のある塾の経営者で、名門の国立大学の教育学部から大学院に進んで学ばれたという教育の専門家です。それゆえ当初は、発達障害の改善には否定的な考えをお持ちのようでした。

ところが、それまで2年以上変化のなかったお子さんが、目の前で一つのことに集中して反応する姿を目撃して、お父さんはEEメソッドの可能性を評価されました。

今回は、そのお父さんからも特別に寄稿していただいています。

EEメソッドは、4カ月間の集中指導を基本としています。その4カ月で、和夫君は会話が成り立つようになり、落ち着きが出て、奇声も止みました。

本書ではまた、和夫君のお母さんと、川崎さんと同じように息子さんの発達障害に悩み、

EEメソッドに取り組み、見事に改善した田中安志君（仮名）のお母さんを交えて、実際にどんな取り組みをしたのか、対談形式での体験談を取り上げています。お子様の改善のプロセスを漫画で描いた「改善体験記」もページの折々に掲載しています。

さらに、本書の共著者である日本武道総合格闘技連盟理事長、空手道禅道会主席師範でディヤーナ国際学園名誉学園長の小沢隆氏との対談を掲載しています。小沢氏は武道を通して青少年の更生に貢献してきています。暴力行為に走るローティーンたちとも武道の指導を通して命がけで向き合ってこられましたが、武道を習いに来る子どもたちのなかに発達障害のある子どもが年々増えているといいます。

とくに、発達障害の問題を抱える思春期の道場生の改善は容易ではなく、EEメソッドの改善実績を知り、興味をもったといいます。

子どもの発達障害による問題行動への対処法がわからず、親が子に手を挙げてしまったことがあるという方がけっこういます。そんな子どもたちが思春期を迎えて逆に親に危害を加えるなどの家庭内暴力に発展し、困り果てた親が小沢氏のところに駆け込む例が少なくないのです。

小沢氏との対談では、何より親が変わることがカギであることが再確認できました。同時に思春期になってあわてるのではなく幼児期のなるべく早い段階で家庭で対処することがいかに重要であるかを再認識しました。

お子さんの成長に不安を感じている方、さらに発達障害で悩んでいる方が、本書との出合いを通して、子どもの未来に希望を抱いてくださることを願ってやみません。それを決めるのは、〝親自身〟です。

一般社団法人エジソン・アインシュタインスクール協会代表　鈴木昭平

鈴木先生と出会い、発達障害の改善に希望の光が

自立支援施設ディヤーナ国際学園は、長野県下伊那郡高森町という田舎町にあります。

一年ほど前のある日、私は問題行動を起こした女子生徒と、高森町から30キロほど離れ

た大鹿村というところにある民宿へ徒歩で向かっていました。実は、その日ディヤーナ国際学園に鈴木先生が視察に来ていただく日でもあり、視察後にお泊まりいただく民宿は徒歩で目指す目的地でもあったのです。

強い日差しの中、その女子生徒を励ましながら歩いていると、私の足なら5時間あれば優に目的地に着けるところ、体力の無い女子生徒を元気づけながらのため8時間以上もかかってしまいました。

やっとの思いで民宿に到着すると、なんと出迎えてくれたのは視察を終えた鈴木先生だったのです。その鈴木先生の笑顔にとても癒され、疲労がいっぺんに身体から抜けていったのを今でも鮮明に覚えています。その夜の囲炉裏を囲んでの歓談は、とても楽しいなかにも未来への可能性を感じさせるものとなりました。

私の主宰する空手道禅道会という空手の団体でも、年々発達障害の子どもが増えているという実感がありました。また、当初非行少年が多かったディヤーナ国際学園でも発達障害の子どもたちが年々増え、そのほとんどが家庭内暴力を伴う子どもたちだったのです。幼いころから発達障害であるがために学校になじめず、友人関係や親子関係にも齟齬《そご》をきたし、傷つき不信感をエネルギーにした彼らの凄まじい暴力行為には相当に悩まされました。関係性によってできた彼らの心の傷自体には改善もしくは改善の方法が見いだせても、発達障害自体はどうにもならない！　私たちも発達障害は改善されないという常識に囚われ出口が見いだせない状況でした。

しかし、私たちだけには徐々に心を開いてくれる彼らを見ていると、彼らがいずれ社会に出て行かざるをえないことを考え、何か惨《むご》いようでとても不憫な気持ちに苛《さいな》まれました。そんなことから、何とか発達障害改善の道がないものかといろいろな所へ出向き、改善方法の模索を始めていました。そんな私たちの祈りが通じたのか、ディヤーナ国際学園の名誉教育顧問を引き受けてくださっている心理学の大学教授の先生より鈴木先生をご紹介いただいたのです。

鈴木先生の発達障害改善の論理は実に明快で、私たちがそれまで学んできたことにも矛盾がなく、推進する武道教育との相性も良く、新たな武道教育の可能性をも感じさせていただくものでした。

本書が、発達障害のある子どもへの接し方に困る教育現場や空手道場、ご家族の希望の光となることを願うばかりです。

ここ何年か発達障害の改善に悩んできた私自身の気持ち自体にも希望が見いだされてきて、このご縁に心より感謝する次第です。

いつもいろいろなご縁をくださる井上先生、いろいろなことに対応してくださる深山さん、これらのご縁にも心より感謝申し上げる次第です。


日本武道総合格闘技連盟理事長・ディヤーナ国際学園名誉学園長　小沢隆

*エジソン・アインシュタインスクール協会が定義する「発達障害」とは

近年発達障害という言葉が医療だけではなく、福祉・教育の分野でも広く使われるようになっています。しかし、使われる分野や立場によって「発達障害」の意味に多少違いがあります。当協会では、幼児早期の言語や運動発達の遅れ、すべての発達期の問題として、知的障害、脳性麻痺、重症心身障害や、神経発達障害としての、社会性・コミュニケーション・想像性の障害である自閉症スペクトラム、広汎性発達障害、アスペルガー障害（症候群）、高機能自閉症、注意欠如多動性障害（ＡＤＨＤ）、学習障害（特異的学習障害）、コミュニケーション障害などをいいます。

発達障害は家庭で改善できる――もくじ

1章 奇声を上げる、会話ができない わが子との壮絶な毎日に希望の光が！

2章

わが子の確実な成長を実感！私たちが取り組んだこと

3章

「自分でできるから構わないで」と息子に言われて「もう大丈夫」と確信！

4章

発達障害から家庭内暴力に。問題行動に命がけで向き合う

5章
子どもがどんどん変わっていく もっとも効果のある家庭での改善法

1章

奇声を上げる、会話ができない
わが子との壮絶な毎日に希望の光が！

親と目を合わせずコミュニケーション力はハムスター以下。こだわりが強く、それが破られると奇声を上げだし止まらない。外出時には突拍子もない行動に出るため犬のようにリードを付けて歩きたいと思うほど。硬い絵本で自分の頭をバンバン叩いて笑う、その笑いもハタで見ていて気持ちいいものではない。言葉が遅く会話が成り立たない。牛乳とパンの偏食で便秘がち……。

一人息子、川崎和夫君（仮名）の、次から次へと目の前で繰り広げられる筆舌しがたい問題行動に、お母さんは、「いっそ一緒に死んだほうがこの子のためなのでは」と思い詰める日々……。そんな毎日が、EEメソッドとの出合いで一変したといいます。医師から特別支援学校を勧められていたのが、半年で普通学級での入学が認められるほど改善したのです。

母親の川崎邦子さん（仮名）が和夫君の異変に気づいた瞬間から、絶望的な苦悩を通過し、希望にたどりつくまでが語られています。そこには、子どもの成長にとって母親の存在があまりにも大きいこと、母親が変わることからすべてが始まることが手にとるように伝わってきます。EEメソッドはそのための道案内に最適であることを読み取っていただければ幸いです。

信じられないほど変わった息子

「お母さん、この駅で快速に乗り換えようよ。そのほうが早いよ」

「そうだね、そうしよう」

当時7歳になる息子と二人で遊園地に遊びに行ったときのことです。電車が大好きな子どもは、どこで乗り換えればいいのか、ちゃんと知っていて私に教えてくれます。

「ねぇ、お母さん、今日乗るのって、けいおう線だよね」

「そうよ、京王線」

「けいよう線っていうのもあるよね？」

「そうね、似てるね。京王線は東京の京に王様の王って書くの。京葉線は東京の京に葉っぱの葉」

バッグから手帳を取り出し、書いて見せようとして、「……ん？」。私も書き順があやしい（笑）。間違った書き方で覚えさせては困るので、急いで携帯で確認。

「こう書くのよ」

「わかった、ありがとう」

7歳になる子どもと母親の電車の中での会話。一見、どこにでもあるような光景かもしれません。

しかし、その2年前にはこんな日が来るなんて、想像もできないことでした。

2年前まで、子どもとは会話どころか、意思さえ通じない状態だったのです。

「キーッ！」と耳をつんざく奇声を上げてわめく、暴れる、好きなようにパーッと飛び出していく、どこでもかまわず寝ころがってしまう、じっとしていられない、友達と遊べない……。

本当に地獄のような日々を送っていたのです。子どもとともに電車に乗るなんて、ありえないことでした。2歳半から5歳半までの息子と、今の落ち着いた様子の息子。本当に彼はこの2年間で親の私たちも信じられないほどの変貌を遂げました。

2歳半のとき子どもの発達の遅れに気づく

息子は一人っ子ですが、2歳ぐらいまではごく普通で、とくに発達の遅れは感じられませんでした。歩き出したのは1歳2カ月で、多少遅いかなとも思いましたが、すぐに走れるようになったし、全然心配はしていませんでした。言葉も1歳代で単語（1語文）が出ていて、それも人並みだったように思います。

「ちょっとほかの子と違うかな」と気づいたのは2歳半頃でしょうか。その頃から暴れる、奇声を上げる、ところかまわず寝ころがるなどの問題行動が始まったのです。

と同時に、本人にしかわからないこだわりが出てきて、私たち親はそれに振り回されるようになりました。

初めての場所がとにかく苦手で、たとえば旅行で旅館やホテルのロビーに入っただけで、その時点からずっと泣き通しになってしまうのです。1時間も泣き続ける状態で、そうするともう、私たちも出かける気力を失ってしまいます。

レストランに入って注文したのはいいけれど、あまりの奇声にいたたまれなくなって、食事をあきらめ、支払いだけして出てきたことも何度もあります。三人で車の中でコンビニのおにぎりを食べました。

言葉も遅れが出始めました。一般的に言葉は最初、「ワンワン」「ぶーぶー」と単語（1語文）が出て、2歳を過ぎるとだんだん「2語文」といって「ワンワン、来た」「お水、飲む」と文章になっていきます。ところが、うちの子の場合は、単語は出ていたものの、そこから一向に進まず、2歳で成長が止まってしまった感じでした。

気になったのは「ママ」「パパ」にしても「お母さん」「お父さん」にしても、私たち親に対する呼びかけが一切ないことでした。

いろいろな人に相談しましたが、「気にすることはない」「いつもお母さんが近くにいて特に不都合がないから、呼ばないのではないか」などという意見が大半でした。

一方で「過保護にしているからではないか」と言われたこともあります。私自身、母親として過干渉というか、かかわりすぎなのかしらと悩んだりもしていました。

とにかくコミュニケーションを取ろうにもまったく無反応。驚いたり、怖がったりということもないのです。

ショックで気が動転した保育園の先生の言葉

3歳から保育園に入れたのですが、はからずもそこで子どもの発達の遅れにはっきり直面することになりました。保育園は最初に「慣らし保育」というのがあるのですが、その時点で先生に「ちょっと発達が遅いのでは……」という指摘を受けてしまったのです。「1週間ぐらいで何がわかるの？」とまわりには強がりを言っていたけれど、本当は自分でも心の中では気づいていたのです。

でも第三者からそうやって指摘を受けたことは初めてで、もう大変なショックでした。体調までおかしくなってしまいました。朝、子どもを送っていくのに、保育園の門をくぐれなくなってしまったのです。「行かなきゃいけない」というのは頭にあるけれど、どうしても行けなくなってしまって……。

2〜3週間の間だったと思うのですが、その間は主人に代わりに送って行ってもらっていました。

わが子と意思の疎通がまったくできない

わが子に対してこんな言い方は申し訳ないけれども、当時の息子は視線を合わせない、アイコンタクトがとれない。人間ではなく、まるで鳥か昆虫のようだったと、今になって主人と話すことがあります。

うちでは小さなハムスターを飼っているのですが、そのハムスターよりもコミュニケーションが取れないぐらいでした。

それよりつらかったのは、とにかく奇声がひどかったことです。「キーッ！」という耳をふさぎたくなるような高音で、しかもとんでもない声量なのです。それを2時間の間、休みなしで上げ続けることもありました。それだけでこちらの精神がまいってしまうのです。

奇声が出るのは、気に入らないことが起こったとき。たとえば私が本人のこだわりを受け入れないときや、本人の気が進まないこと、嫌なことをさせられるときです。

あと楽しいとき、興奮しているときも出ました。特に理由なく出るときもあります。言葉が出ない分、自分の中のもやもやした感情や嫌だ、うれしい、楽しい、不安だ、悲しい、つらいという感情表現をすべて奇声で代行していたのだと思います。

もちろん奇声は1日中出ているわけではなく、穏やかに過ごしている時間もあるのですが、そのときはボーッと自分の中にこもっているような感じでした。

笑うときもあったのですが、どちらかというとあまりいい笑いではなかったように思います。たとえば固い表紙の絵本で私の頭をバンバン叩いて笑うのです。私が痛がるのが楽しかったのだと思います。

奇声に加えて「常同行動」といって、自閉症や発達障害によく見られるらしいのですが、くるくる回る、ピョンピョンはねるなどの行動もありました。私はそれが嫌で、ずっとやめてほしいと思っていました。

パン、牛乳が大好きで、ひどい便秘

食事も悩みのタネでした。野菜が嫌いで全然食べないのです。刻んでチャーハンに入れたぐらいではダメ。ミキサーでペースト状にして料理に入れ、やっと食べさせていました。そもそも食べることにあまり興味がないのです。食も細く、「お腹がすいた」といって食べ物を催促してくることもほとんどありませんでした。

自分で箸《はし》やスプーンを持って食べるということもしません。私が毎回食べさせるのです。保育園では先生が食べさせてくれていました。

一方でご飯、パンの主食は割とよく食べました。とくにパンは大好きで、朝はパンにバターかマーガリン、牛乳という組み合わせでした。そして味の濃いものを好みました。フライドポテトとかハンバーガーなど。ファストフードもよく行っていました。

野菜を食べないせいか、便秘もひどかったです。放っておけばいつまでも出ません。2日めぐらいからヨーグルトを1日三つぐらい食べさせて、わざと下痢状態にするのです。それをやっても出るのは2、3日に一度、ひどいときで4日に一度でした。

牛乳もたくさん飲ませていました。「牛乳を飲んでいるのになぜ出ないんだろう」とずっと思っていました。

もともと母乳が大好きな子で、なかなか断乳できず、3歳前まであげていたのですが、だんだん母乳が出なくなってきたので牛乳を与えるようになったのです。多いときで1日500〜700ミリリットル飲むこともありました。

あとから鈴木先生に、子どもによっては牛乳に含まれるカゼインと小麦粉に含まれるグルテンに対するアレルギー反応を起こす場合もあると聞いて、本当に驚きました。牛乳は健康にいいと思い込んでいたものですから。

お風呂から歯磨きまですべてが親任せ

自主性がないのは食事だけではありません。着替えもお風呂も何一つ自分からはしません。やろうとしないのです。トイレも言わないので、オムツもずっと取れませんでした。

お風呂は嫌いではなかったけれど、自分で体を洗うということができません。私がすみずみまで洗うのです。顔は濡れるのが大嫌いで奇声を上げるので、タオルで拭いていました。まるで赤ちゃんと同じように世話をしていました。

もちろんシャンプーは大嫌い。キーキー奇声を上げて大騒ぎです。座って下を向いて洗うなんてとてもできない。赤ちゃんのように横抱きで洗っていました。横抱きは結構大変なものがありますが、5歳半までやっていました。でも、奇声を上げられるぐらいなら、自分が重い思いをしたほうがはるかにマシでした。

歯磨きなどはもう馬乗りです。泣きわめく子どもの手足を押さえつけて無理やり磨いていました。かわいそうだったけど、それをやらないと磨けないのです。

ときどき主人に担当してもらいましたが、嫌な作業だから彼もなかなかやりたがりませんでした。でも努力の甲斐《かい》あってか、今でも虫歯は一本もありません。

ただ、今まで挙げたようなことは、言ってみれば私たち親と子どもとの間のこと。どんなに暴れようが、奇声を上げようが、私たちさえ我慢すればそれでいいのです。

何がつらいって第三者を巻き込んでしまうこと、人様に迷惑をかけてしまうことでした。

そのつらさに比べたら奇声がうるさいとか、すべて親がやってあげなければいけないことか、オムツを替えることなど、何でもないことでした。

一歩外に出たらまわりの人に謝り通し

たとえばスーパーに行けば、一人でぐるぐる走り回り、商品をなぎ倒しては大喜び。人にぶつかっても謝りもしないでそのまま突進していくのです。

入り口にある足ふきマットの上で、でんぐり返しをしてしまうこともありました。入ってくる人はビックリ。大迷惑です。

よく発達障害の子どもの相談例に、「買い物をするときは、うちの子はカートに乗せないと、買い物できません」というのがありますが、うちはカートにさえ乗らないのです。カートに乗ってくれるのならどんなに楽かとため息が出たものです。

お店の人たちも、「またあの親子が来た」という感じで、さぞやあきれていたと思います。

うちはおじいちゃん、おばあちゃんが近くにいないので、買い物には連れて行くしかないのです。

一度だけ、子どもを家に置いてきたことがあります。「ちょっとの時間だから」と言い残し、鍵をしっかり閉めて出かけました。15分くらいで急いで買い物をすませて帰ったのですが、家の中に入った私は呆然《ぼうぜん》と立ちすくんでしまいました。家中がメチャメチャになっていたのです。

電話の保留音が大音量で流れ、テレビもボリュームいっぱいにガンガン響いています。テーブルの上にあったお皿は落とされて割られていて、加湿器が倒され中の水が床にばら撒《ま》かれていました。

子どもはというと、窓が開け放してあって、そこからベランダに出て奇声を上げているのです。干してあった洗濯物が全部床に落としてあって、足で踏んづけてぐちゃぐちゃになっていました。

15分空けただけでこの始末です。とても家に一人で留守番などさせられませんでした。外に出たら出たで自分の興味の引かれるままパーッと走って行ってしまう。赤信号であろうが往来の多い道路であろうが関係なし。危なくて仕方ありません。歩き始めの子ども用のリードをつけたかったのですが、3歳の子どもにはサイズが合いませんでした。

年配の方々から注意を受けるのは日常茶飯事でした。「しつけのなっていない子どもを放っている親」と思われてしまうのです。中には「一体何やっているのよ」と強い口調で責める人もいたし、「育て方が悪い」と面と向かって言われたこともあります。通りすがりに「キチガイ親子」となじられたこともあります。

「すみません、すみません」

「申し訳ありません」

そのたびに一生懸命謝るしかありませんでした。いちいち説明しても仕方がないのです。謝ってすむことであれば、そのほうが楽でした。

とにかく一歩外に出たら人様に迷惑をかけ通しといっても過言ではありません。謝っても謝っても全員には謝りきれない。「申し訳ございません」というタスキがあったら、それをかけて歩いて回りたいぐらいでした。

迷子になることも何度もありました。ただ、不思議なことに迷子になっても必ず最初いた場所に戻っているのです。だから呼び出しのアナウンスをされたことは一度もありませんでした。

野性の勘とでもいうべきか、空間認識能力は親も驚くほど優れていました。

会話がちゃんとできる今となっては、車に乗っていて「お母さん、違うよ。〇〇はあっちの道だよ」などと子どもに教えられることもしょっちゅうです。

また、これも子どもが改善してからのことですが、こんなこともありました。

埼玉県に東武動物公園という動物園があるのですが、一度家族で行ったことがあるのです。その後、子どもと二人で車に乗っていたら、「おかあさん、ここは東武動物公園の近くだよね？」というのです。そのあたりの地理にうとい私は「えー、東武動物公園？　近くないでしょう」と言ってしまったのです。

でもその後、主人に聞くと、確かにその近くに東武動物公園があるというのです。どうも東武動物公園に行くときにその道を通ったらしいのですが、一度だけ通ったその道を覚えていたこと、地理が頭に入っているらしいことに驚きました。

しっかりした絵を描けるようになってから、お気に入りの公園の絵を描いたことがあったのですが、上から見た俯瞰《ふかん》図になっているのです。ああ、この子は空間を俯瞰してとらえているのだと感心してしまいました。

小さい子を突き飛ばしてしまい……

謝り通しの毎日でしたが、謝ってもすまないこともありました。

主人が空手の指導員をしているのですが、その流派の全国大会が都内の体育館であって、それを見に行ったときのことです。

そのとき、私と子どもは二階の観覧席で見ていました。観覧席の通路は五段ほどの階段があって、踊り場というか、フラットな状態が少しあって、また五段ほどの階段というようになっていました。

当時子どもは、彼なりの進歩なのですが、他の子に興味を持ち始めた時期でした。そのときも近くにちょうど1歳2、3カ月ぐらいでしょうか、歩き始めたばかりの女の子がいて、その子に向かって走って行ってしまったのです。

ところがどうやってコミュニケーションをとればいいかわからない彼は、いきなりその女の子をドンッと押してしまったのです。

私はタッチの差で間に合いませんでした。女の子は階段を転げ落ち、踊り場のところでその子のお母さんが間に合って、やっと止めることができたのです。

幸い大きなケガもなくすみましたが、お母さんが止めなかったら大事故になっていたかもしれません。当然、お母さんの怒りようはすさまじいものでした。

「なぜこんなことをしたのか」「どういう育て方をしているのか」とひどくなじられました。何を言われても私がいけないのですから、ひたすら謝るしかありませんでした。

でも、子どもはそんな最中でもキョトンとしているのです。自分がなぜ悪いのかわからないのです。それも、そのお母さんにしてみれば我慢ならないことだったでしょう。

最後は「土下座しなさい！　土下座して謝りなさいよ！」と怒鳴られ、土下座して謝りました。子どもにも頭を床にこすり付けさせ、泣かせて謝らせました。

土下座ですむのであればもうそれでよかった。

すぐに主人を探して事情を話し、大会の途中だったけれど帰宅しました。とてもじゃないけど、平静な気持ちであの場にとどまることはできませんでした。今思い出しても心の痛む思い出です。

「迷惑です」と病院で治療を断られた日

中耳炎になったときも本当につらい思いをしました。

耳だれがひどく、治るまで1年以上かかったのですが、その間に巡った病院が9カ所。なぜかというと、どこに行っても嫌な顔をされてしまうからです。

まず大体どの病院も待ち時間がありますよね。30分～1時間ぐらいの所が多いのですが、その間中、泣いて奇声を上げて大騒ぎになるのです。

とても待合室では待てないので、外に出るか駐車した車の中で待つなどして、順番が来る頃にまた病院に戻っていました。

いよいよ治療の番が来ると、白衣を着ている人を見るだけで「人殺しが来た！」といわんばかりの勢いで泣き叫んで暴れるのです。それを五人がかりぐらいで押さえつけて治療です。それでもものすごい力で抵抗していました。

うちの子どもは公園で走ったり、遊具を使ったりして遊ぶということがないので体が鍛えられないのですが、こういう機会に体を目いっぱい使って筋力をつけた感じです。

とにかくこのありさまですから、どこの病院でも歓迎されない。ですから次々と病院を変わるハメになります。

5軒目に行った病院のことは忘れられません。女医さんで、人から評判がいいと聞いてかかったのですが、向こうはきっと最初から「迷惑な親子が来た」と思ったのでしょう。三度目の診療に訪れたとき、受付をするとすぐに待合室から離れた二階の小さな部屋に通され、そこで順番を待つようにと指示されました。

普段使っていない部屋らしく、ほこり臭くて夏なのにエアコンもないのです。そこでじっと30分待ちました。奇声を上げて嫌がる子どもに「待っていようね」「静かにしようね」と一生懸命言い聞かせながら……。

やっと診察が始まると、先生は子どもに向かって「こんなことも我慢できないの!?」などと強い口調で叱るのです。それで子どもは余計泣く。最悪でした。

診察が終わると、受付の人に「他の患者さんに迷惑ですから次回は8時半か12時半に来てください」とはっきりと言われました。診療時間外に来いということです。

悔しくて悔しくてたまらなかった。病院を出たとたん、涙がこぼれました。

薬をもらうための処方箋《しょほうせん》薬局でも涙が止まりませんでした。薬局の人も驚いていたと思います。

でも、そんな私を見ても子どもはやっぱりキョトン。何が起こっているのか、なぜ私が泣いているのかもわからないのです。それがまた悲しかった……。

その後も医者巡りが続きましたが、最終的に9軒目でやっといい先生に巡り合えたのです。やっぱり女医さんでしたが、先生がとても優しくて、子どもが泣き叫んでも、ちっとも嫌がらずに見てくれました。

「迷惑かけてすみません」と言っても、「全然大丈夫ですよ」「気にしなくていいですよ」と言ってくださって、本当にありがたく思いました。今でもそこには通っています。

自己嫌悪するほど壮絶な毎日の連続

当時（子どもが3歳代）の1日を紹介するとこんな感じです。

朝は6時45分に起こします。

8時に家を出ないといけないから、着替えをさせてご飯も口に運んでと、時間との戦いです。でも保育園に行くのが嫌な子どもは朝から大騒ぎです。

たとえば、玄関から出て一歩踏み出す足が違おうものなら大変です。左足から踏み出さないと嫌みたいで、右足から始めてしまうとやり直しです。それももう一度、ベッドに入って、そこからです。こういうこだわりが随所にあるのです。着替えさせることもできないこともよくありました。そんなときはパジャマのままで登園です。

保育園には車で送っていくのですが、まず車を取りに行って、エンジンをかけたままで玄関に横付けし、荷物を運び、嫌がる子どもを無理やり乗せます。乗せるというより、「運ぶ」といったほうが正しいかもしれません。運んでドアを開けて放り込んでロックする感じです。

車の中でもずっと嫌がって奇声を上げ続け、私の髪の毛を引っ張ったり、シートを後ろから蹴飛《けと》ばしたり。首を絞められたこともありました。後ろから目隠しをされて前が見えず、冷や汗をかいたこともあります。

保育園に着くと、また無理やり車から降ろすのですが、一度あまりに強く引っ張りすぎて子どもの腕が抜けてしまったことがあったのです。それからは保育園の先生たちが協力してくれて、数人がかりで降ろしてくれるようになりました。

それも、嫌がってキーキー奇声を上げ、車のドアや電柱にすごい力でしがみつくのをはがすという感じなのです。やっとはがすと、今度は私にまたものすごい力でしがみつくので、またそれをはがします。本当に先生たちも「はがす」と言っていました。

毎日、次の日の天気を心配していました。小雨ならいいのですが、大雨の日はずぶ濡れになってしまうのです。傘などさせる状況ではありませんから。

こんな毎日は自己嫌悪の連続でした。嫌がる子どもを無理やり連れて行くわけですから。

「何もわからない、何もできない」ので保育園嫌いに

登園がこれですから、当然、保育時間中も子どもは暴れていました。奇声を上げるのはもちろん、裸足のまま園庭に走り出てしまうことも頻繁だったようです。

なぜそこまで保育園が嫌だったのかというと、やっていることがさっぱりわからないからだと思うのです。折り紙も歌も何もわからなくて、何もできない。できないし、やりたくないのにやらされる。その状態が苦痛そのものだったのでしょう。

もちろん団体行動などは全然ダメでした。かけっこも「よーいドン」どころか、スタート地点に並ぶこともせず、砂場で遊ぶなど一人で別のことをしていました。

クリスマスで先生がサンタクロースに扮《ふん》して登場すれば、おびえて大泣き。何がなんだかわからないのだから仕方がないのですが。家に帰ってからも「サンタ、怖い」と言って、それが保育園で初めて出た2語文でした。でもここから進むことはなくて、結局5歳半まで2語文しかしゃべれませんでした。

保育園で子どもが興味を持つものがまったくないのかというと、あるにはありました。比較的好きだったのは「お絵描き」でした。でも絵といってもクレヨンを握ってグルグル描くだけで、人とか物とかの形にはなっていません。

それもたとえば黒一色とか、グレーとか黄土色とか、あまり幼児が使わないような色を使うのです。白の画用紙の上に白でグルグルを描いていたこともありました。なぜこんな絵を描くのか、私も不思議でなりませんでした。

保育園のお迎えも大騒ぎ

保育園の1日が終わるとお迎えです。行きであれだけ嫌がるのだから、帰りはラクかというと、ちっともそんなことはありません。

まず自分で靴を持ってくるのですが、それだけのことにすごく時間がかかるのです。他の教室に入ってしまったり、何かに気をとられたり。

かといって私が持ってきてしまうと、またこだわりが出て大騒ぎです。だから本人にやらせるしかないのですが、何だかんだでいつも30分ぐらいかかるのです。

私は、その間は先生から今日1日の様子を聞いていました。本人が今日の様子を話すわけもないので、先生から聞くことがすべてです。毎日が面談でした。

そして、また車まで運んで放り込んで帰るのです。歩くなんてしません。駐車場から自宅まで少し距離があるのですが、その間も抱っこして運ぶのです。保育園の荷物、お着替え、それに自分の仕事のバッグもあって、そんな状態で子どもを抱っこでするのですから、まるで毎日が〝夜逃げ〟みたいな格好でした。

ですから、バッグは肩に斜めがけにできるショルダーバッグばかりでした。オシャレなハンドバッグなんてダメです。それにクロックスみたいにいつでもサッと脱ぎ着のできるサンダル。ハイヒールなんてありえません。

革ひものある靴もダメです。結んでいる間にパーッと走って行かれたら終わりですから。

2時間奇声を上げ続ける

帰宅すると私は一息つくひまもなく、家事と子どもの世話です。着替えも食べさせるのも全部やってあげなければいけないから、時間がかかるのです。

私の家事の間、子どもは寝そべって好きな電車で遊んだりしていました。脳が重いのか、頭を床につけているのをよく見かけました。掃除はしているけれど、床に直接頭をつけるなんて不衛生な感じで、私にとってはうれしいことではありませんでしたが。

ときに、危ないことをしたり、さわってはいけないものにさわるのを注意しようものなら、すぐに大パニックです。かんしゃくを起こして奇声を上げて大騒ぎ。怒ってテレビをわざと大音量にする、私がそれを下げるとまた最大限の音量にする。その繰り返しでした。

一度パニックを起こすとなかなか静まらず、2時間奇声を上げ続けることもありました。彼が保育園の登園に抵抗して筋力をつけたと述べましたが、肺活量のほうは泣き続けることでずいぶん鍛えられたと思います。

奇声は近所にも聞こえていたと思います。虐待《ぎゃくたい》を疑われて通報されることも何度もありました。でも本当のことを言うと、実際に虐待スレスレのこともしていました。実は、子どもを叩いていました。叩くというより、こぶしで殴《なぐ》ることもありました。……自分の手がしびれるぐらい。

泣きわめく子どもを前に、もうどうしていいかわからなくなって、我慢ができなかった。でも叩かれた子どもは余計泣くだけ。悪循環でした。そして叩いてしまった後は、ものすごい自己嫌悪です。自分が嫌でたまらなかった。でも、あまりに奇声がひどいと、またやってしまうこともあったと思います。

包丁を持って子どもの前でたたずんでいたこともあります。ふと、我に返ると包丁を握っていたのです。子どもは、さすがにそれが切れるものだとわかって怖かったようです。言葉の暴力もひどかった。「お母さんはもうお母さんをやめるからね！」と何度も言っていました。

それでも外ではいいお母さんのフリをしていたのです。「こんなに大変な子どもなんですよ、でも私は一生懸命育てています」と。本当は違うのに……。

「いっそ一緒に死んでしまおうか」と悩む日々

「明日死のうかな……」

「いつか本当に、この子と一緒に死ななくてはいけないだろうな」

毎日、毎日、そんなことばかり考えていました。

夜、子どもを寝かしつけると、「今日も1日生き延びた」という感じで、憂さ晴らしのためお酒を飲みながら、頭に浮かぶのは子どもの将来の不安ばかりでした。

私たちもいつかは年を取ります。この子を産んだ責任として、最後は一緒に死ぬしかないと思っていました。

私は覚えていないのだけれど、友達に電話して「ごめん、明日は生きていないかもしれない」と言ったこともあったそうです。

電話はよくしていました。夜、子どもの奇声や暴力がひどくなると、「いっそ一緒に死んだほうがこの子のためなのでは……」という考えが頭をよぎるのです。でも人に電話をしていれば忘れていられる。

片っ端から電話していたけれど、そうすると電話のできる相手がだんだんいなくなってしまうのです。「あの人には先週電話した、この人には一昨日した」となってしまって……。仕事中の主人にも助けを求めて泣きながら電話したことも何度もあります。最後はどうにもならなくなって、息子と二人抱き合って泣きました。

2歳半から5歳半……2歳半から5歳半……うすのろでどんよりとした日々。この間、実質3年ほどが、10年ぐらいに感じられました。

こうやっていろいろ書いていますけど、本当は覚えていないこともいっぱいあるのです。もっとひどいこともいっぱいしてしまっていたかもしれません。でもこの間、3年間ぐらいの記憶が私の中ではかなり飛んでしまっているのです。

それは子どもも同じようです。後に、会話がしっかりできるようになって「ごめんね。お母さん、あのときおかしかった。いっぱい叩いたりしちゃったよね」と謝りました。でも子どもは「覚えていない」というのです。

人間、あまりにつらいことがあると記憶が飛んでしまうといいますが、私と子どももそれだったのかもしれません。

この間、子どももまた、文字通り言葉にできないつらい日々を送っていたのです。

心理指導で親子ともに少しだけ落ち着いた

この地獄のような日々に少しだけ救いが見えてきたのは、市の療育（療育プログラムと個別指導）を受けるようになってからです。

療育のプログラムは、たとえばボールを使った遊びをさせて、その子に何が足りないのかを見るという内容でした。その指導もよかったけれど、何といっても私にとっては個別指導がありがたいことでした。臨床心理士の先生が親身になって話を聞いてくれて、私も日常のつらいことを吐き出すことができたのです。

先生は「お母さん、我慢しなくていいのですよ」と言ってくれて、そのための方法をいろいろ一緒に考えてくれました。

たとえば買い物などは無理に子どもを連れて行かず、保育園にお迎えに行く前などにするよう言われました。

叱り方の指導もしていただきました。子どもが人に迷惑をかけたり、してはいけないことをしたとき、それまでは当然叱っていたのですが、それは叱っても仕方がないのだそうです。子どもにしてみれば私がすごく怒っていることはわかるけれど、なぜ怒っているかということがわからないからなのです。

ですから叱るのは本当に叱らなければならないとき、たとえば命の危険のあるときなどにとっておきましょうと言われました。叱るにしても端的に「ダメ」と言って、それ以上のことは言わない。そのほうがよっぽど効果的なのだそうです。

それからはなるべく感情的に怒らないように努めました。叱っても「ダメ」と短く言うようにしました。それを続けていると「ダメ」というのが、本人も少しずつわかってくるようになりました。

そのうち「こういうことをしたら叱られる」ということが理解できるようになったようで、「ダメ」と言われるのを楽しむというか、親の反応を見るためにわざと悪いことをすることが増えてきたのです。悪いことをして叱られる、それも子どもにとってはコミュニケーションの一つなのでしょう。ただ、そんなふうに思えないことも多かったのですが……。成長した分、悪さもひどくなりました。

子どもがパニック状態になったときも、それまでは怒ったり、なだめすかしたりしていたのですが、そんなことをしても無駄だとわかりました。放っておくのが一番でした。放っておいて、ちょっと遠いところに電車など彼の興味のありそうなものを置いておくのです。

思いついたのは掃除機をかけること。掃除機をかければ子どもの奇声もそれにまぎれて近所に聞こえないだろうし、部屋もキレイになる。ほかにもキッチンの汚れを磨くなど、エネルギーを家事に向けるようにしました。だから家中が常にピカピカでした（笑）。

ちょっと話はそれますが、奇声にもだんだん慣れてきたのです。ちょっとの奇声なら「うるさいなぁ」ぐらいですんでしまうようになるのです。それは私たち親だけでなく、保育園の先生も「今日は和夫君、何だか喜んでいたみたいですよ」などと言ってくれたりしました。奇声の微妙な変化に気づいてくださったのです。

個別相談が終了して途方に暮れる

ところが、しばらくするとその頼みの個別指導が終わってしまったんです。

「もうだいぶお子さんも成長してきて、我慢強くなってきたので、この辺で個別指導は終了にしましょう」と……。

ショックでした。もしかしたらほかのお母さんならそれを喜ばしいことととらえるのかもしれませんが、私にすればまだまだだし、むしろここから、今からというのが本当の気持ちだったのです。

もちろん心理指導の先生は本当によくしてくださったし、感謝しています。でも「心理指導ではここまでなんだな、これ以上にはならないんだな」と落胆してしまったのは事実でした。

子どもに望めるのは最低限の自立しかないということなのか。私たち親にしてみれば、もうちょっと幸せに暮らしたい……。でも、それは望むこともかなわないのかと……。

EEメソッドとの出合い

鈴木先生の『子どもの脳にいいこと』という本に出合ったのは、そんなときでした。

２０１０年の3月だったと思います。知人から紹介され、書店で取り寄せたのが始まりでした。

早速、読んでみて「これはいいのでは」と思い、すぐに主人に読んでもらいました。でも主人は半信半疑。2週間ぐらいは夫婦で話し合ったのですが、主人は納得してくれませんでした。それでもとにかく一度、面談というのを受けてみようということになりました。それが4月のことでした。

そこで、奇跡が起きたんです。それまでのわが子は落ち着いて椅子に座ることさえできない子でした。面談前も、床にベターッとしている状態でした。ところが、先生が部屋に入ってこられて、フラッシュカードを実演してみせると、自分から椅子に座り、超高速にめくるカードに見入っているのです。あまりに集中するわが子の姿を見て、主人は目が点になっていました。

面談の最中、奇声を上げることもなく、普通に落ち着いて先生のカードを読み上げる声を聞いています。しかも、椅子にずっと座っていられなかった子が、先生と一緒に積み木などして遊んでいるのです。ありえないことが目の前で起こったのです。

カードは考えていた以上に「超高速」。目にもとまらないくらい速いのです。正直、「ここまで速いのか」と驚きました。私たちもしっかり集中しないと頭に入らないほどで、「なるほどこれでは、集中しないわけにはいかないな」と思いました。

それまでキョロキョロしていた目がパッととまり、カードに集中していました。3年間、コミュニケーションが取れなかったわが子は、鈴木先生のことを「この人は僕のことをわかってくれる」と感じたのだと思います。

親子面談で見せたわが子の奇跡のような変化に、最初は反対していた主人も、「これはなんとかなる」と逆に乗り気になったのです。

それで6月末から本格的にスタート。ちょうど子どもが5歳半になったときでした。

セミナーで「天から何かが降りてきた」

6月に協会主催のトレーニングセミナーというのがあって、それに参加したのですが、これが本当に素晴らしい経験になりました。

1時から7時までだというので、最初は「ずいぶん長いな」と思っていたのですが、始まってみると長いどころか、あっという間。最初に改善した方の体験談から始まったのですが、もう鉛筆が止まらないのです。私一人で参加したので、主人に伝えるためにもこの場ですべて吸収しなければいけないと、必死になってメモを取りました。

途中、参加している親同士の自己紹介もありましたが、鈴木先生の本に「親の意識改革が大事」とあるように、セミナーの中でもそれは何度も繰り返されました。

変に聞こえるかもしれないけど、このセミナーで「何かが降りてきた」感じがしました。行きと帰りでは、足取りがまったく違っていたのです。

「私が子どもを変えるんだ！」

その気持ちが強く湧いてきて、すぐに帰って何か一つでも家庭プログラムを始めたい。そんな気持ちで家にたどり着く時間さえもったいなく感じました。

以前の私は、依存的というか、誰かに助けてもらいたい、誰かが子どもを改善してくれないかと、そんなふうに思っていました。

4月に親子面談を受けたときも、週に1回ほど、つくばの教室まで連れて行こうと思っていました。でも、鈴木先生に「このプログラムは家庭でやるものです」と言われて、「えっ、私がやるの⁉」と驚いてしまったのです。家庭プログラムと言っても、全部やるのは大変そうだし、難しそうだったので……。

でもセミナーを受けたあとでは「これはやるしかない。もう、誰かに依存はしまい。息子を改善するのは誰でもなく、自分たちなんだ」とピタリと腹が決まったのです。

プログラムをスタートして4、5日で起こった驚くべき変化

そこから家庭プログラムを本格的にスタート。栄養指導も守りました。

最初の変化はプログラムを始めて4、5日ぐらいで起きました。それまで怖がって一度も乗ることができなかったエスカレーターに乗れるようになったのです。

その日はたまたま、デパートに行ったので、「乗ってみる?」と声をかけてみたのです。そしたら、「うん」という返事。それでも今までは空振りで終わることが多かったのですが、そのときは私が手を引いて、「せーの」と言ったら、本当に乗ったのです。

まさかできると思っていなかったので、私のほうが驚いてしまって、気絶するほどほめました。もうまわりなんか見えていませんでした。人に聞こえるほど大きな声でほめまくってしまったらしく、まわりにいた人が「パチパチ」と拍手してくれました。

本人も気をよくして、ピョンピョンはねてうれしそうにしていました。

思えば、この日を境に子どもは「激変」していったのです。

お風呂で暗示をかけること1カ月、家庭プログラムを始めて10日目。何とトイレができ

たのです。忘れもしません、7月1日のことでした。それまで無理やりトイレに座らせてみたり、叱ってみたりしたのですけど、全然ダメだったのが、初めて自分からトイレと言い出して、ウンチができたのです。

もちろん気絶するほどほめました。「やったね！」とか「すごーい！」とか言葉でほめて、あとは抱き上げて、上に高く上げたり、くるくる一緒に回って踊ったり。

実はその日は私の誕生日だったのです。その少し前に「誕生日なので私も何かプレゼントがほしい」と心の中でひそかに神様にお願いしていました。だから格別にうれしかったですね。

次の日からもトイレにちゃんと行けるように。7回目ぐらいからは私がついていかなくても、一人ですませることができるようになりました。

それでも最初は、ゆっくりでも成長しているので「たまたまなのかな」と思いました。ところが、それからどんどんできることが増えていって、やっぱり「単なる成長」ではない、メソッドのおかげなのだと確信していきました。

たった半年で2歳分の成長

8月になるとあれだけひどかった奇声がなくなりました。それだけでもどれだけありがたかったかしれません。「もうこれで十分」とさえ思ってしまいました。

でもそんなものではなく、できることがどんどん増えていき、まるでドラマを見ているようでした。半年で、2歳分くらい成長した感じです。

以前、ものに興味を示さない子どもが唯一好きだったのが、都内の大きな公園を走っている連結バスでした。だからその公園には頻繁に訪れていたのですが、連結バス以外の乗り物には断固乗ろうとしませんでした。それもこだわりでした。

でもある日主人が「ボートに乗ってみる?」と誘うと、「乗る!」と言って乗ったのです。私たちにとってみれば、それは本当にすごいことでした。ボートの上でほめちぎりました。その日は日没まで公園にいて疲れましたが、久しぶりの、気持ちのいい疲れでした。

それからは、徐々に他の乗り物も試すようになりました。モノレールなら区間も短いし、楽しそうだからと、立川まで乗りに行ったこともあります。まずは1区間乗ってみて、「降りる？」と聞いたら「降りない」と言うので、どこまで行けるか乗ってみたら、７駅まで行けました。

遊園地でも、それまでは全然ダメだったスピードのある乗り物も大丈夫になりました。アスレチックのロープ遊びも、まったくできなかったのが、できるようになっていきました。

夏祭りで「お母さん、見ててね」と言われて感動

そのほか、変わったことは書きつくせないほどなのですが、生活面ではまず食事を自分で食べるようになりました。それまで「食べる？」と聞いても返事はなく、目も合わせないのです。私が食事を口まで運ぶと何となく食べる、という感じでした。それが、自分で食べるという意思を示すようになり、だんだん「ママ、見て。いっぱい食べたよ」と言うようになったのです。

最初はスプーンやフォークを使っていたのですが、「お箸で食べる」と言ったので、持たせてみたら、上手ではないけれど何とか使っていました。それもだんだん上達してきて、小さな豆粒もつかめるようになったのです。

それから移動するときには、以前は歩くのを嫌がるので抱っこをしていたのが、自分で歩くようになりました。手もつなぎます。

あんなに嫌いだった保育園も、玄関で靴を履いて待つほど好きになりました。

絵も描けるようになりました。それまでは前述のようにグルグル書きなぐる、という感じだったのが、人の顔や大好きな電車など、形のあるものが描けるようになったのです。しかも、以前は黒や茶色など、ダークな色が好きだったのが、多色になりました。

その年の夏祭り。お祭りでは子どもたちが踊ったり、おみこしを担いだりする行事がありますが、子どもが遠くから手を振って「お母さん、見ててね」と言ってくれたのです。そんな言葉をかけてもらったことなど初めてです。胸がいっぱいで言葉が出てきませんでした。

そしてその年は保育園での最後の運動会がありました。例年、遠巻きにみんながやるのを見る程度で、たまに参加するときも補助教員の先生がついていたのですが、その年、初めてすべての種目に参加できたのです。それも補助の先生もなしで。

ところが、運動会が終わった後、最後に全員メダルをもらうとき、「僕いらない」と言うのです。

「また、こだわりが出たのか」とはっとしましたが、よくよく聞いたらそうではなく、「本当はもっと頑張れたのに、頑張ってないからこのメダルはもらえない」ということだったのです。そこまで高度なことを考えられるほど成長していたのかと、本当に驚きました。

言葉の上達も著しく親子で会話ができるまでに

言葉もメソッドを始めてからどんどん上達していきました。まずそれまで2語文だったのが、3語文になっていきました。3語文というのは、「私は学校に行く」みたいに、主語と述語にプラスして目的語が入るものです。

最初は「ごはん、食べる、おうち」みたいに順番が間違っていたのが、だんだん「おうちでごはんを食べる」というように整っていきました。

本当にメソッドを始めてからはあれよあれよという間にしゃべれるようになって、気づいたらしっかり会話が成立するようになっていました。

話が前後しますが、子どもから初めて「ママ」と呼びかけられたときも感動しました。忘れもしない、その年の8月のことでした。何度呼ばれてもうれしくて、「もう1回呼んで」「もう1回呼んでみて」などとせがむほどでした。

それからはママ、ママと、1日に何回も何回も呼んでくれるようになったのですが、しばらくして、なぜか私への呼びかけが「お母さん」になったのです。「何でお母さんになったの?」と聞いたら、「お母さんはいろいろ頑張ったから」「頑張ったからお母さんになったの」って……。

本当にこの頃の成長はすごかったです。ジグソーパズルをやっていると、最後に近づきピースが少なくなるほど作業が速くなり、次々とピースがはまっていきます。子どもの成長はまさしくそんな感じでした。

子どもが普通学級を希望

メソッドを始めたのは年長のときでしたが、その年は「就学」という大きな問題が控えていました。

実は療育に通っているときから、小学校は特別支援学校を勧められていました。小学校に設けられている特別支援学級ではなく、障害児教育を専門とした学校です。でも私たち親は何とかごまかしてでも小学校の特別支援学級に入れたいと望んでいました。

ですから療育の先生の前では、いつも取り繕っていたのです。本当はかなり悪くてもそんなに悪くないように言ってみたり……。

しかし、発達指数（ＤＱ）というので診断すると、数字ははっきり覚えていませんが、43とか47という数字でした。発達指数の平均は１００で、80から60ぐらいであれば特別支援級、60を切るようであれば特別支援学校という、大まかな指標があるようでした。

そのときうちの子は40台ですから、「これはもう間違いなく特別支援学校です」みたいな感じの言われ方をされてしまったのです。数字ではっきり見せられた以上、もう覚悟をするしかないかな……とそのときは思いました。

でもメソッドを始めて、子どもがめざましく改善していくなかで、普通学級に行かせたい、行けるのではないかという希望が出てきたのです。この状態なら、先生やクラスのお友達に迷惑をかけることもほぼないだろうと思いました。

最終的には本人に選択させようと思いました。「どこの学校に行きたい？」と聞いたら、「マンションの友達と一緒の学校に行く」と言うのです。もうそのときは友達とも遊べるようになっていましたから。近くの小学校は集団登校なのですが、友達と一緒の登校班で行きたいと。それを聞いて、頑張ってみようと思いました。

就学時健診で見たわが子の驚愕《きょうがく》の成長ぶり

そして迎えた11月の就学時健診。メソッドを始めてから5カ月目です。就学時健診とは小学校に入学するにあたって、体の疾患や知的発達の度合いを検査するものです。ここで発達の遅れが指摘されると、特別支援学校や特別支援学級を勧められることになります。うちにとってはどこに就学するか、最終判断の場でもありました。

保護者は別の場所で先生のお話を聞くなどして待機し、子どもだけを連れて行って検査をすることになっていました。やはり不安はありました。聴診器を嫌がるのではないかとか、知能検査がわからないのではないかとか。養護の先生にはあらかじめ子どもの障害のことを説明して、何かあったら呼んでくださるように頼んでおきました。

その頃は息子も大分、お友達と遊べるようにはなっていたけど、知っている子が一人もいない初めての場所です。私もちょっとドキドキして見守っていました。そうしたら、横にいた知らない女の子とすぐ仲よくなって、順番になると自分からその子の手を引いて、検査の教室に入っていったのです。

驚いたなんてものではありません。躍り上がりたいほどの喜びでした。もちろん最後まで私が呼び出されることもなく、健診は無事終了しました。

２０１１年4月、晴れて近くの小学校に入学。

奇声を上げる、走りまわる、寝ころがるなど、かつての問題行動はまったくなくなり、授業中、落ち着いて座っていられるようになるなど、ほぼ問題はありません。

また当初、心配していた「初めての場所が苦手」とか「人とのコミュニケーションがとれない」ということもまったくなくなり、むしろ好奇心旺盛で臆《おく》せず新たなことにチャレンジして誰とでも話のできる、そんな子どもに生まれ変わりました。

療育の中でさえ落ちこぼれて、支援学級は無理、特別支援学校しか行けないという状況から、劇的に成長して普通学級に通えるようになったのです。親にとって、どれだけうれしかったかわかりません。

毎日が、2年前にはありえなかったことの連続

当時の子どもの1日はこんな感じです。

朝は6時15分から30分の間に一人で起きてきます。以前は寝付いてもすぐに起きてきたりしてぐずったりしたのですが、最近は朝までしっかり熟睡します。

私は先に起きて家事などをしているのですが、私がどこにいるか探して「お母さん、おはよう」と挨拶してきます。目覚めに二人でパワーアップ体操を取り組み、本を読んだり遊んだりしています。7時前に二人で食事です。

朝は必ず和食にしています。そんなに凝《こ》ったものではなく、ご飯に味噌汁、シャケに目玉焼きといった感じです。味噌汁は具だくさんを心がけています。以前と違って今はよく食べます。朝からおかわりもするぐらいです。

終わると自分でキッチンに運んで、私が片付けるのを手伝ってくれます。その後は洗顔、歯磨きを自分で行ない、「トイレに行ってきます」と言ってトイレへ。今では便秘はすっかり解消されています。そして着替えて登校です。

登校は集団登校なのですが、集合場所にもウキウキしながら行って、みんなに「おはよう」と声をかけてまわります。誰よりもいちばん元気でニコニコしています。

すべてが2年前にはありえなかったことです。

学校が終わった後は校内にある児童クラブ（学童クラブ）で過ごし、私は5時にお迎えに行きます。

帰り道、必ず今日1日の報告があります。

「今日ね、運動会の練習をやったよ。僕はね、赤組。今年は赤組勝つかな？」

「そうだね、お母さん応援するね」

「うん、やったあ」

児童クラブから自宅までは歩いて帰ります。もちろん以前のように抱っこはしません。横断歩道も絶対に青でないと渡りません。たまに私がチカチカ点滅しているのを走って渡ろうとすると「お母さん、ダメだよ」とたしなめられます。

帰りにスーパーで一緒に買い物もできます。

「僕が押すよ」

と言って、カートを押してくれて商品を吟味《ぎんみ》します。

「お母さん、こっちのほうが新鮮でおいしそうだよ」

買ったものをエコバックへ。荷物を半分持ってくれたりします。

クリスマスの季節に、自宅からちょっと離れたところにイルミネーションのきれいなお店がありました。子どもが「きれいだからイルミネーションを見て帰りたい」と言うので、少し遠回りをして帰ったりしていました。

　でもときどきは私も早く帰りたいときがあります。そんなときは「今日は用事があるからイルミネーションを見ないでまっすぐ帰ろうね」と言うと、「わかりました」とあっさり納得してくれます。2年前まではこんなことを言おうものなら、すぐに奇声でしたから、本当に驚くほどの変貌です。

　家に帰ると私は食事の支度をしながら子どもの宿題を見ます。以前は取りかかるまでに時間がかかっていましたが、そのときには自主的にやれるようになっていたので私は見守るだけとなりました。宿題が終わると次の日の用意をして夕食です。

　お風呂もちゃんと自分で体を洗えるようになっていました。これも自分から「洗ってみたい」と言い出したのです。頭は私が洗いますが、横抱きではなく、ちゃんと下を向いて一人で洗います。

　その後、二人で湯船につかって、改めて学校のことを聞きながら足裏マッサージをします。お風呂の壁には全国地図が貼ってあり、各地の名産なども書かれているので、それを当てっこしたりします。子どもからも質問をされることがあるので、私もうっかりしていられませんでした。

お風呂から出た後は二人で白湯《さゆ》を飲みます。汗が引くまでは、起きてきたハムスターに餌《えさ》をやったり本など読んだりして過ごします。そして就寝時間です。以前と違ってかなり寝つきがよくなり、寝かしつけもいりませんでした。

もうすべてが2年前とは地獄と天国ほどの違いです。それが形となって現れたのが、うちのベランダでした。

私はガーデニングが趣味で、以前から自宅のベランダで植物をたくさん育てていました。ところが子どもの状態が悪化してきた3歳以降は、植物の世話どころではなくなってしまい、ベランダの植物は枯れっぱなしに。荒れ放題のベランダが当時のわが家の状況を物語っていました。

でも少しずつ庭の手入れをする余裕ができたのです。そのおかげで本当にちょっとお見せしたいぐらい、うっとりするような素敵なガーデニングができあがりました。

何だかそれが幸せの象徴のようで、見るたびに心が満たされました。

みんなに気を使い、まわりを幸せにする存在に

当時こんなこともありました。

児童クラブに預けていて、毎日私がお迎えに行くのですが、そのときにある子どもが「和夫君のお母さんだよね？」と話しかけてきたのです。

「僕ね、退屈な毎日を送ってたんだけど、和夫君が来てから、楽しくてたまらないんだ」と。そして私に向かって「ありがとう」と言うのです。私も「ありがとう」と笑顔で答えました。本当に涙が出ました。

親の欲目かもしれないけれど、優しい子になってくれました。初めての子どもがいると積極的に話しかけたり、誰かが転んで泣いていると、「どうしたの？」と駆け寄って起こしてあげに行ったりもしました。

前述のように主人が空手を教えていて、子どもにも習わせていたのですが、主人が別の指導員からこんなことを言われたこともありました。

「和夫君がいるとみんなに話しかけてくれて盛り上がるし、年の離れた子どもの面倒も見

てくれて本当に助かるから、和夫君を休ませないでくれよ」と。

こういうことを言っていただいて、それまでの苦労がすべて吹き飛ぶほどの喜びを感じました。本当にすべてがよいほうへよいほうへと向かっていってくれました。

その頃は寝る前、子どもが「お母さん、明日は○○があるよね」と聞いてきました。明日が楽しくて待ちきれないようでした。寝る前に二人で明日の予定を話して、「明日も楽しい日にしようね」って言って寝るのが日課でした。

忘れられない7歳の誕生日

7歳の誕生日を迎えたときでした。「お母さん、お誕生日のケーキをお願いね」と言われたのです。それまでも毎年ケーキを囲んで誕生日を祝っていたのですが、そんなことを言ってきたのは初めてでした。それも「ろうそくは7本で、『お誕生日おめでとう　和夫君へ』って書いてね」と言うのです。

当日は親子三人でハッピーバースデーを歌って、ろうそくを一気に吹き消しました。それまでもやっていたことですが、言われたことをただやるといった感じで自主性などまったくなし。ろうそくも一気に吹き消せたことがなく、私たちが手伝って吹き消していたのです。でもそれをちゃんと覚えていたのですね。誰も何も言わなかったのに一人で吹き消したのです。感激で涙が出ました。

プレゼントは本人の希望のものをあげました。

幸せを感じるとき、うれしいとき、子どもは「お母さん、キュッとしようよ」と言ってハグを求めてきます。それ以前も甘えてくるときや抱っこを求めてくることはあったのですが、今思えばそれは子どもがつらいとき、寂しいときであったように思います。

7歳の頃は、この上なく楽しいというようなときにそれを言ってきました。その日も「お母さん、キュッとしよう」が出ました。忘れられない誕生日となりました。

こんなこともありました。子どもが開いていた学校の国語の教科書に『一寸法師』のページがありました。子どもは「ぼく、一寸法師のお話、知っているよ。お母さんがずっと前に読んでいたよね」って。

EES協会に出合う前、子どもの問題行動にほとほと困り果て、なすすべもなく途方に暮れていた頃のことです。絵本の読み聞かせだけは、子どもが眠っていようがいまいがやっていました。当時は言葉も遅く会話もままならなかったはずですが、脳にインプットされていたのですね、子どもの言葉に思わずうれし泣きしました。

2年生に進級して確実に成長していることを実感

子どもが2年生に進級すると、大きな改善はもうないのですが、確実に成長しているのが感じられました。家庭での生活はほぼ問題ありません。食事やトイレ、出かける準備など手間取らなくなりました。一人で留守番もできます。

また机やランドセル、筆箱の中などの整理整頓ができるようになり、無くし物や忘れ物はほとんどありません。家のベランダでスイートピーと朝顔を育てているのですが、毎日の水やりに余念がありません。

運動は1年生のときはまだ遅れがあったのですが、一度も跳べなかった縄跳びが跳べるようになったり、いつもビリだった徒競走が後ろに何人かいる状態になったりと、進歩が見られました。

学習面では2年生になって初めてのテストで算数100点、国語95点という結果を出しました。でも次のテストは今一つの点数でした。やはり、文章題になるとまだ難しかったようです。

ただ、漢字は120字ほど書けるようになったし、辞書を一人で引ける、時計が読める、短い日記や作文なら書けるし、筆運びが早くなったなど、確実に成長していました。

特に著しく成長したと思うのは言葉です。それまでは助詞の使い方が曖昧《あいまい》だったのが、2年生になってほぼ正しい文法でしゃべるようになりました。また、相手の質問に対して主旨にあった回答ができるようになりました。これも以前はかみ合わないときがありましたから。

お友達とも楽しく過ごせるようになりました。わが子ながら素晴らしいと思うのは友達や先生のことを大切にして、絶対に悪口を言わないのです。そして冗談を言って人を笑わせようとします。1年生の頃にも表情が豊かになってきたと感じましたが、2年生になってさらによい表情になりました。

ただし、まったく問題がないというわけではなく、課題はまだ残っていました。学校ではまだまだ準備が遅く、授業中、ぼーっとしてしまうこともありました。でもクラスの友達の助けを借りて何とか頑張ることができました。

こうして少しずつ成長していってくれてうれしく思ったのを覚えています。

無表情だった息子が とても嬉しそうに微笑んでくれた!!

佐々木武くん(仮名、5歳)

佐々木さんの改善メソッドの極意

1. 傍目を気にせず、真っ直ぐに愛してあげる!
 衆目の中だろうと、気絶するくらいに褒めてあげましょう。
2. 環境に惑わされず、信じた道を根気良く!
 社会には、様々な価値観や方針があります。でも、子どもを伸ばすのは親次第なのです。

鈴木先生の ここが ポイント!

※エジソン・アインシュタインスクール協会会報誌より抜粋

2章

わが子の確実な成長を実感！
私たちが取り組んだこと

この章では、川崎さん家族がEES協会に出合った後、具体的にどんな取り組みをしたのか、子どもがどんなふうに変化していったのか、母親の川崎邦子さんと父親の明夫さん（仮名）の証言を取り上げます。

とくに明夫さんは、発達障害のある子に対する行政の取る対応は一種の隔離政策、『様子を見ましょう』と判を押したように繰り返し、手をこまねいている対応に辟易《へきえき》したといいます。それが、「EEメソッドなら、なんとかなる」と希望が見えたというのです。

★母親として取り組んだこと――川崎邦子（仮名）

1日たりとも欠かさなかった「声がけ」

本格的にEEメソッドを開始したのは、2010年6月からでしたが、4月に鈴木先生の本を読んでから少しずつ「声がけ（魔法の五つの言葉）」と「パワーアップ体操」は実行していました。

最初にやったのはトイレの声がけです。先生に「『トイレでウンチ♪』と歌えばいいんだよ」と教えていただいたので、まずはそれをやってみました。

ところがそれをやっただけで「やめて!」「ダメ!」と大パニック。奇声が始まるのです。かなり嫌だったみたいです。1週間ぐらい続けたのですが、あんまり奇声がひどいので、こっちが疲れ果ててしまい、止めました。

それで今度は「保育園は楽しいな♪」に変えてみました。体や髪の毛を洗っている間など、手が空いたらすかさず歌う感じです。それでもやっぱり奇声を上げていたのですが、めげずに歌っていました。

すると、変化が数日後に表れたのです。何と子どもの口から「保育園は楽しいな♪」が出たのです。自分でも「しまった」と思ったのか、すぐに、「あ、間違えた」と言っていましたが、これはもう聞いている証拠ではありませんか。しめしめと思ってそれからも続けました。

もちろんそれでも奇声は変わらなかったけれど、「これは私さえ聞こえなければいいんじゃないか」と考えを変え、耳栓《みみせん》を買ってきて、奇声を聞こえないようにしました。それから「トイレでウンチ」に変えて声がけを続けました。

あまりにも奇声が激しくなったときはやめましたが、開始してから8日目でトイレに行けたのは先にお話しした通りです。

保育園は毎日やり続けたら、徐々に行くのを嫌がらなくなりました。声がけを始めて20日ぐらいたったときには、かなり前向きに行けるようになっていたと思います。

これで声がけにかなり自信を持てたことは間違いありません。以来、声がけはずっと続けました。時間的にフラッシュカードはできない日もあったけれど、この声がけは1日たりとも欠かしたことはありません。手間もお金もかからないですしね（笑）。

声がけは「前向きな言葉で端的に」が最大のコツ

声がけで私が気をつけていたのは、いろんなことを一度に言わないということです。トイレならトイレ、保育園なら保育園だけ。端的に、そして前向きの言葉を使うよう努力する。ほかのことはいろいろ言わない。そして飽きてきたかなと思ったら別のものに変えるのです。いろいろいっぺんに言うと混乱してしまうのではないかと思ったからです。

「赤信号で飛び出さない」というのも声がけで覚えさせました。青信号は「青は進め」と声がけをしました。「赤は止まれ」はマイナスの言葉だから使いません。「青は進めで赤は止まれ」というのも複雑すぎてダメなのです。「青は進め」で十分なのです。「青は進め」さえ入れておけば、「赤」は「青」ではないから進まないのです。

弁別力が必要なもの、たとえば靴の左右もどちらか一方を教えます。子どもの右足をタッチしながら、靴を指して、「右」。それだけでいいと思います。

とにかくポイントは「前向きな言葉で端的に」。これはとくに先生に教えていただいたわけではなくて、自分で思いついたことです。

毎日「魔法の言葉」を言い続ける

「魔法の五つの言葉」（197頁参照）については私自身、本で読んでとても気に入ったので、毎朝保育園に行く車の中で、大きな声で言うようにしていました。

最初のうちはまったくの無反応。こちらを見ることもしませんでした。当時はとにかくコミュニケーションがとれませんでした。それでもかまわないと思って毎日続けました。奇声を上げていても、かまわず言い続けました。奇声に負けないぐらいの大きな声で。

それまで子どもが奇声を上げ始めると、「うるさい！」「やめて！」と怒鳴っていたのですが、それを魔法の言葉に代えただけと思えば何てことはありません。でも不思議なことに1週間もすると、だんだん私のほうを見るようになって、興味を示してくるようになってきたのです。

最終的には私が「今日は楽しく我慢ができます。はい！」と言うと、子どもが同じことを繰り返すようになりました。この言葉の効用は本当に大きかったと思います。

親の意識改革のために生活スタイルを改善

1回目のセミナーで、「これは親の意識改革が必要不可欠だ」と感じたことはすでに書きましたが、そのためにもまず生活を変えなければと思いました。何より子どもと過ごす時間を長くしようと考えました。フラッシュカードの時間も必要です。

それまでは子どもを寝かせたあとは、自分のやりたいことに時間を使っていたのですが、それを変えて子どもと一緒に寝てしまうことにしました。そうすると子どもも安心するのか、寝つきがとてもいいのです。以前は寝かせるのに苦労して延々時間を費やしたものですが、子どもと一緒に寝てしまうことで、無駄な時間を使わずにすむようになりました。

そして朝の4時、5時に起きて、その時間に家事をすませたり、主人と話す時間にあてました。意外にも家事は夜やるよりも、朝やったほうが早くすむという発見もありました。それに早寝早起きのほうが健康的です。

それから思い切って家の中のものをいろいろ捨てて整理しました。家にものが少なければ、それだけ掃除がラクで時間が短くなりますから。捨ててみると、ものがないほうがスッキリして気持ちよく過ごせます。

メソッドの時間を作るためにしたことが、結果としていろいろいい副産物を産んでくれたように思います。

パワーアップ体操で自分自身が健康に

パワーアップ体操（194頁参照）は最初本を読んだときから開始していました。朝起きたときに自分一人で1回やって、子どもが起きたときに1回の合計2回です。

最初の1カ月ぐらいは子どもはやりませんでした。それどころかまったく反応なし。それでも子どもの前で、毎日ニコニコ楽しそうにやり続けました。

親が楽しそうにやっていると子どもは興味を持つのですね。子どもも徐々に興味を示し始めて、だんだん私のまねをして一緒にやってくれるようになりました。

体操の効果はどうだったのかといわれると、正直いってよくわかりません。子どもの改善はこの体操も含めて、いろんなことの相乗効果だと思います。

実は、パワーアップ体操の効果をいちばん実感したのは私自身（笑）。この体操のおかげでやせて、前より健康になりました。毎朝、欠かさず続けました。ほかのことでもそうなのですが、子どもにばかり体験させないで、親も一緒にやってみる、親も体験してみることが大事だと思っています。

「困ったときのフラッシュカード」

フラッシュカードの威力はすごかったと思います。

これで覚えてもらいたいものを何でも入力するのです。

最初はリンゴ、みかんなどモノの名前、それからひらがなもこのカードで全部覚えました。基本的に既成品を使っていましたが、自分でも作っていました。

苦手なものの克服にもカードは絶大な力がありました。

たとえば「保育園が楽しい」ということを入力したいときは、保育園の写真を撮ってそれをカードに貼り付けて使います。それを子どもの好きなもの、たとえば電車などの中にはさんで見せます。

そのとき「保育園」というのではなく、「楽しい」といってそのカードを見せるのです。

苦手な食べ物もこれで攻略しました。苦手なものの写真を撮って「おいしい」と言って見せるのです。

トイレもカードを使っていました。トイレでウンチができるようになったことは述べましたが、トイレタイムはもともとは夜でした。それでもいいのですが、朝のほうがより健康的ですよね。それでそれもフラッシュでやったら、ちゃんと朝になりました。

本当にうちでは「困ったときのフラッシュカード」でした。

フラッシュカードのために準備体操を

フラッシュカードのスピードは面談のときに鈴木先生に実際に見せてもらっていたので、わりとすぐにコツをつかめました。子どもの目の動きを常にチェックしながら行なうのです。

目が泳ぎ始めたら遅い証拠。相当な速さでやらないとダメなのです。どんどんどんどん速くしていきました。そうするとこちらももう必死です。

でも、なかなかそんな超高速スピードではめくれないものですね。ときには子どもから「お母さん、頑張って！」と応援されてしまうぐらい（笑）。

なんとか速くめくろうと、指サックを使ったりして工夫もしました。早口言葉の練習もしました。また指の柔軟性をよくするため、グーパーグーパーと手を開いたり閉じたりする運動もしていました。

ひらがなの練習と肯定的言葉

ひらがなは入学前に書けるようにしておきたかったので、カードと並行して書く練習もさせていました。

カードで目と耳からは入っていますから、覚えるのは早かったと思います。6月に始めて8月にはだいぶ書けるようになっていました。注意したのは、なるべく「肯定的」な言葉を使うということです。たとえば「ありがとう」とか「うれしい」とか、そういう言葉を書かせるようにしました。

これは後から述べますが、親は日常生活でついつい否定的な言葉を使ってしまっています。ですから言葉遣いに気をつけるのはもちろんですが、こういう学習の場でも使う言葉は肯定的、前向きな言葉を使うよう心がけていました。

「てにをは」の使い方も修正

メソッドを始めてから言葉がどんどん発達していったのは1章で述べた通りですが、最初のうちは助詞（てにをは）の使い方がよく間違っていたり、助詞そのものがないときもありました。

日本語における助詞の使い方はなかなか難しいそうで、最初はあまり気にしていなかったのですが、できれば修正したいと思い、「同じことを正しい文法で繰り返す」というのをやってみました。

たとえば子どもが助詞を間違えて「明日は公園が行きたい」と言ったとしたら、まずは「そうだね」と同意しておいて、次に「『明日は公園に行きたい』だね」と訂正するとよいと思います。

いきなり「そうじゃないでしょ、『公園に』でしょ」と間違いを指摘したらやる気がなくなってしまいます。大人が英会話を習うときなども、いちいち文法の間違いを指摘されたら嫌ですよね。

このことを思いついたのは鈴木先生が、「言葉でコミュニケーションが取れないお子さんにとっては、まわりの人たちが外国語をしゃべっているような感じなんです」とおっしゃっていたからです。これからヒントを得ました。

そのおかげでほどなくして助詞もほぼ正確に使えるようになりました。

お風呂タイムを大いに活用

お風呂タイムはフルに活用しました。

お風呂は体温が高くなって脳の血流が良くなっている状態だから、入っている最中と出た後が学習するのに最適な時間と先生に聞きましたが、本当にその通りだと思います。

まずお風呂では思いつく限り歌を歌ったり、声がけをします。お風呂で黙っていてはもったいないです。自分が体を洗ったりしているときも、口は動かしました。

私はフラッシュカードもお風呂でやっていました。子どもには湯船で半身浴をさせておいて、私は洗い場に座ってめくるのです。カードは特に防水仕様にしていたわけではないけれど、手を拭いてから持てば問題ありませんでした。

お風呂でやると同じカードでも全然食いつきが違うのです。これには驚きでした。フラッシュカードは他の時間帯、たとえば朝の起きぬけなどにも試したことがありますが、やはり目が泳いでしまうのですね。お風呂がいちばん集中しました。

足し算もお風呂の中で覚えた！

それから数の概念もお風呂で覚えさせました。これも入学前のことなのですが、数がなかなか理解できなかったので、入学までの間に何とか覚えさせたかったのです。それでEEカウンセラーの先生に教えていただいたのがこの方法でした。

100円ショップなどで、ザルを二つと、スーパーボール（赤、青、黄、緑）をいくつか買って来てそろえます。まず、「こっちのザルに赤いボールを入れてね」と言って入れてもらいます。それで「赤」という色を認識します。

次に「こっちのザルには青を入れてください」と言って入れてもらう。

それができたら、今度は「こっちのザルに緑も入れてね」「こっちに黄色を入れてね」というように、色をミックスさせていきます。これで全部色を認識できるようになったら、今度は数です。

「赤一つと青一つで二つになるんだよ」

「一つと一つを足したら二つ」

というようにザルにボールを入れながら覚えさせるのです。

これができたのが入学前の10月でした。それまでいろいろやっても全然ダメだったのに、これで見事に覚えることができたのです。

学習に最高、お風呂はインプットの宝庫！

本当にお風呂の効果はすごかったです。わが家ではお風呂の中でできないこと以外は、全部やったという感じです。

発達検査表（189頁参照）で「△」になっている部分を見て、何とかそれをお風呂でできないか考えます。風車やしゃぼん玉を吹かせたり、じゃんけんをやったり、石鹸のクレヨンで絵を描かせたり。お風呂は本当にインプットの宝庫だと思います。

お風呂を精一杯活用したのは、時間短縮のためでもありました。うちは私が仕事をしていて、子どもは児童クラブに入っていますから、帰りが6時近くになってしまうこともあります。就寝時間は9時ですから、帰宅後はすぐ夕食、風呂とあわただしいのです。ですから、お風呂の中でいろいろやらないと間に合わなかったのです。

生活の中で何でもインプット

なかなか時間がとれなかったこともあり、日常生活すべてがメソッドの実践の場であると考えていました。

子どもと一緒に家に帰るときは、ただでは帰りません（笑）。途中で目につくもの、目に止まるものは何でもインプットしました。「向こうから車が来るね」「赤色だね」というように。

週末などに子どもを連れて出かけるときは、「電車が来たね」「素敵な色だね、青だね」とすかさずインプットです。電車に乗るときは「順番に乗るんだよ」「楽しく順番を待とうね」「楽しく我慢」と、これもインプットです。

家に帰ったら、その日インプットしたことを復習します。クレヨンの青を出して、「これが今日の電車の色だよ」「青だね」と言って。そして「今日乗った電車を描いてみようか」と描かせて覚えさせました。子どもも大好きな電車ですから喜んで描きます。

これをやっているうちに、グルグルの絵しか描けなかったのが形になり、色も黒一色、白一色とかだったのがだんだん多色使いになっていきました。

何でも遊びにしてしまう

子どもっていたずらをしますよね。それも学習にしちゃいました。たとえば、子どもは新聞をビリビリに破いてしまうのが好きです。だったらもう思い切りやらせてみようということで、二人で一緒にちぎってちぎって、「どこまで細かくちぎれるか競争ね」ってやるのです。手先が器用でなかった子どもにとっては格好の指の運動になりますから。大喜びでちぎりました。

ちぎったあとは「じゃあ、よーいドンでお片付けね」と言って、今度は片付けの競争です。それもとても喜んで片付けます。

自宅マンションの敷地内では「追いかけ鬼」と称して私のまねをさせました。私が先に見本を見せて逃げるような格好をします。バランスを養うために縁石の上を歩いたり、コンクリートの模様の丸を使ってケンパをしたり。

また握力をつけるのに鉄棒にぶら下がったり、おやつには深いコップにチョコボールなど入れて与えたりしました。指先のトレーニングです。

そういうことをやっているうちに、だんだん手先も器用になってきて、卵の殻むきをやらせてみたら上手にむけるようになりました。「うわー、上手上手!」とほめちぎって、「お母さんより上手だから、これからはあなたがやってね」と言って、仕事にさせちゃうんです。

同じやるなら何でも「楽しく」やるように心がけていました。

1日20冊の絵本読み聞かせ

これは私が独自で行なったことなのですが、EEメソッドを始める少し前から絵本の読み聞かせを始めました。1日20冊ぐらい読んでいました。その頃は奇声がピークともいえるほどひどい状態で、EEメソッドとも出合う前でしたし、どうすればいいのか、ほとほと途方に暮れていたときでした。

何か私にできることはないか、一生懸命考えたとき、「読み聞かせ」を思いついたのです。それは自分が子どものころ、親にしてもらってうれしかったことでした。今でも3歳、4歳のときに親に読んでもらった本のことを覚えています。

読み聞かせを始めてみたら、不思議なことにその間は奇声を上げませんでした。もちろん座って聞くなどということはなく、部屋をウロウロしたり、ふざけたりしていたけれど、奇声を上げないだけでどれだけ救われたかわかりません。

「1日20冊も読むんですか⁉」と人に驚かれましたが、当時の私には、ほかにしがみつくものが何もなかったのです。

それから奇声がどうにも治まらないとき、「そうだ」と思いついて、「ゆりかごの歌」を歌ってみました。子どもがお腹にいるときから私がずっと歌っていた子守唄です。それを歌ってみると奇声が少し治まったのです。

このようなこともあとから思えば、蓄積の一つになっていたのかもしれません。

食の改善――基本的に和食中心で

鈴木先生に栄養指導をしていただいてからは、家での食事内容を変えました。まずパン、牛乳をやめました。パンと牛乳は朝の定番だったのですが、意外になくしても大丈夫でした。牛乳に変えて麦茶を飲みました。果物もよく食べました。パン、牛乳をやめたこととの直接的な効果はわかりません。ただ、鈴木先生の指導通りに、親としてやれることは全部やろうという気持ちでした。パンを食べたいということがあると、米粉を使って手作りしてあげました。

そして基本的に和食に切り替えました。野菜も魚も煮物も喜んで食べるようになりました。和食というと、料理が得意でない人は「大変だ……」と思ってしまうかもしれませんが、凝《こ》ったものを作る必要はなくて、シンプルに焼き魚でいいと思います。どうしても食べないときは、一食ぐらい抜かしちゃうんです（笑）。そしたらお腹がすいて食べるようになります。

偏食や苦手な食べ物克服のための声がけもしました。コツは「野菜はおいしい」と抽象的にではなくて、食べるようになってほしいものを具体的に挙げるのです。たとえば「ほうれん草はおいしい」。それだけです。お風呂の中で歌ったり、フラッシュカードに混ぜてやっていました。

それから、同じくらいの年齢の子と一緒に食べさせる機会をできるだけ多く作りました。バーベキューとか、催し物とか、そういう場所で同じぐらいの年齢の子が野菜をおいしそうに食べていると、つられて食べたりするのですね。

言い方は悪いかもしれないけれど、使えるものは何でも使おうみたいな（笑）。その繰り返しで徐々に徐々にいろいろなものが食べられるようになりました。

腸内環境を整えることの大切さを知る

これも鈴木先生に教わったことですが、本当に腸内環境を整えることは大事なことだと思います。

たしかに腸がきれいになると、脳も心もきれいになるような気がします。食物繊維をとって便秘を改善したことで、子どもの改善もめざましく進んだ感じがしています。

実は、母親自身も便秘、低体温、冷え性を改善しないといけないと思います。鈴木先生は「お母さんが元気でないと、このＥＥメソッドは成功しない」とおっしゃいます。そして元気になるためにはまず腸なのです。

私自身の経験からも、それは間違いなく言えます。私も食事を和食に変えて、晩には子どもと一緒に白湯《さゆ》を飲んでいますし、ハーブティーも飲んでいます。こういうものを摂取して腸内環境を整えると本当に気分がスッキリするし、心身ともに健康になれるのです。

奇声は野放し、好きなだけ声を上げさせる

子どもが改善してきたことで、ＥＥメソッドに取り組む、ほかのお母さんから質問を受けることが増えました。よくいただく質問の一つに「奇声をどうやってやめさせたのですか?」というのがあります。「うちも奇声がひどいので何とかやめさせたいんです」という人が結構多いのですね。

結論から言って、奇声を上げさせないために何かしたことはありませんでした。奇声は野放しで、好きなだけ上げさせていました。

というのも、「奇声は悪いことではない」と鈴木先生に教えられたからです。奇声は言葉がしゃべれない子どもにとってコミュニケーションの一つであって、言葉が出てくれば自然に治まると言われたのです。

だから奇声が出たら先にお話ししたように、掃除機タイムにしてしまうのです。奇声を受け入れて日常の中に組み込んでしまうのです。

ただ、外で奇声を上げて人様に迷惑をかけるのはいけないので、そんなときは「すみません」と謝り、子どもにもきちんと謝らせました。でもそれはパフォーマンスとして行なう感じで、その後本人にそれを叱ったりするようなことはしませんでした。

そうしていると、本人の言葉の発達とともに奇声はみるみる薄れていきました。

実感！　親の意識改革の大切さ

鈴木先生は、このＥＥメソッドでは親の意識改革がとても大事だと力説されます。私も自分で実践してみて、それはまさに真実だと実感しています。それぐらい親の意識が重要なのです。

ＥＥメソッドを始める前、子どもはあまり言葉が出なくて、出てくる言葉といえば「ダメ」「いけない」「できない」「わからない」「難しい」「嫌」など、とにかく否定的な言葉ばかりでした。

これらは、実は私が普段使っていた言葉だったのです。だから優先的に覚えてしまったのです。

これはいけないと思いました。まず否定を肯定にしなければと思って、自分で子どもにしゃべってもらいたい言葉を紙に書き出してみました。「ありがとう」「楽しい」「うれしい」「できる」「頑張る」などなど。それを１日１回声に出して読むようにしました。子どもに暗示をかける前に自分に暗示をかけたのです。

このことがきっかけで、日常使う言葉も気をつけるようになりました。

「やってみる」か「やらない」なら、とりあえず「やってみる」のほうが絶対いい。「やらない」と「やってみたけどできない」は全然違います。

１章で述べたように以前の子どもは本当に何もやろうとしませんでした。着替えもトイレもお風呂も明日の準備も何もしない。食事さえ自分で食べない。出てくる言葉も「やらない」「できない」「嫌」の否定形ばかりでした。

それが、私が前向きの言葉を使うように心がけるようになったことで、「やってみたい」「やってみよう」「やる」「頑張ろう」というように前向きに変わってきました。

「楽しく我慢ができます」

「あなたはツイています」

毎日、こうやって声がけをしていると、何となく「自分もそうなのかな」と思い込んでしまう気がします。その結果、私自身がとても前向きになった気がします。

今は子どもがここまで進歩したからということが大きいのですが、誰より私が毎日を楽しく過ごしています。洗濯物を干すことも、ゴミを出しに行くことさえも楽しい。ゴミを出したら家の中がスッキリするし、そういうことを楽しいと思える自分がいます。

早朝、ゴミを出しに行って、誰かに会ったらこちらから先に挨拶をします。「おはようございます」と先に言ったほうが絶対に気持ちがいいのです。

以前は雨が降ると嫌だなと思っていたけれど、雨も楽しく感じるようになりました。なぜかというと雨が降ったらお気に入りの傘がさせるからです。

そうやって日常生活すべてのことを意識改革していくと、自分自身もラクになって楽しく過ごせるようになります。

記録を付けることで励まされる

記録を付けることも大事だと思います。もしこれからＥＥメソッドに取り組まれるという方がいるなら、ぜひとも記録を付けることをお勧めしたいと思います。

まず目標を立てます。それはもう、どんな小さなことでもよいと思います。１週目にはこういうことができるようになってほしい、１カ月後はこういうことをやってほしいというように。そして１年後にはこうなるんだという目標を掲げ、それには何をすべきか対策を考えます。

そのために今日は何をやったか、どんなことがあったか、日記でもメモでも何でもよいので毎日記録を付けます。これを続けると本当に子どもの成長の軌跡がよくわかり、親自身の励みにもなるのです。先月できなかったことが今月はできるようになっていたとか。

改善は毎日の積み重ねですから、そうそう劇的変化があるわけではないし、ときには停滞や後退を感じることもあるかと思います。でもある程度のスパンで考えてみると、改善の方向に向かっているのが、記録を見ることで実感できるのです。

私もこの記録に大いに励まされました。

苦しいときは子どもの生まれたときの写真で自己暗示を

こうやってお話ししていると誤解されるかもしれませんが、うちは決してEEメソッドを始めたとたんにすぐに改善したとか、子どもが一気に変わったとかいうわけではありません。EEメソッドを開始してからも、改善がうまく進まなくて、苦しいとき、嫌になってしまうときはもちろんありました。

たとえば先にお話しした、子どもを家に置いてスーパーに買い物に行き、帰ったら家中がメチャメチャになっていたという事件は、メソッドを開始してからのことです。加湿器の水を撒《ま》いたり、洗濯物を落としたりしたのは、帰宅したときの私の反応を見るためでした。それが彼にとってのコミュニケーションというか、私に対する働きかけだったのです。絵本の硬い表紙で私の頭をガンガン叩いて喜ぶ行為もそうでした。

子どもにとってはそれらは「成長」の証《あかし》なのですが、当時の私にはそれを喜ぶ心の余裕などありませんでした。

「これこれ、こうなってほしい」と一生懸命イメージをしてEEメソッドに取り組んでいても、奇声を上げられたり、パニックを起こされてしまうと、一気に気持ちが崩れてしまうのです。そのときのガッカリ感、疲労感は相当なものです。

そんなときは、子どもの生まれたときの写真を見ては「かわいい！　かわいい！　かわいい！」と自分に暗示をかけました。目で見て、口に出して言うのです。常に子どもの写真を見られるよう、携帯電話の待ち受け画面にしていました。

あまりに落ち込むときは、酸素が足りないせいだと思い、パワーアップ体操をやったこともあります。

すべてを包み隠さず書いた「レポート」

何よりよかったのはEES協会に定期的にレポートを提出しなければいけないという義務を負っていたことです。何か一つでも書いて送らなければいけないと思うと、今日はできなくても明日頑張ろうと思えるのです。

ときにはつらいことも泣きたいことも全部包み隠さず書いて提出していました。それもよかったと思います。つらいことを人に話すと、かなり気持ちがラクになるものです。

今になって「よくそれだけ頑張れたね」「何でそれだけモチベーションを保つことができたの？」と言われることもありますが、私にしてみればモチベーションも何も、これしかすがるものがなかった。ほかには何もないから、これにかけるしかなかったのです。

それと、同じ境遇のお母さん同士のネットワークも大きかったと思います。ＥＥメソッドを始めてからもずっと療育には通っていましたから、そこで同じく療育に通う子どもたちのお母さんに会っていろいろ話しました。そこではグチも言い合えるし、まったく取り繕わずに話ができる。私にとってはそこも大切な場所だったように思います。

★父親として取り組んだこと――川崎明夫（仮名）

ＥＥメソッドは科学的に信頼できる!!

思えば子どもが２歳を過ぎたころから、私たち家族はずっと暗闇の中で、途方に暮れていたような気がします。

私は学習塾で子どもたちに勉強を教えることを仕事としています。大学は教育学部を卒業して大学院にも進み、教育を専門に学びました。子どもにとっては祖父にあたる私の父も臨床心理を専門に学び、引退するまでずっと教員を続けました。

ですから、自分たちは教育に関してはそれなりの専門性があるつもりでした。ところがいざ目の前のわが子の発達障害を前にして、「なす術《すべ》がない」という事実を突きつけられたのです。結局、心理学の分野ではただ「観察」をして「診断」するだけ。では改善のための具体的な方策はどうかといったら、それがないのです。

もちろんある程度のトレーニングというのはあるけれど、それはたとえば保育園で行なっている基本的な動作の訓練を多少レベルを落として行なうといったもので、発達障害の改善というには程遠いものです。

保育園から紹介されて、さまざまな施設・病院に連れて行ったのですが、どこに行ってもほんの5分か10分程度、観察・診断をされて「もう少し様子を見ましょう」と言われるだけ。「1カ月後また来てください」と言われ、1カ月後に行くとまた観察をして「もう少し様子を見てみましょう」と言われてしまう。その繰り返しで、時間ばかりが経過していくのです。

わが子は、就学まで残り1年を切った時点で、発達指数が42でした。これはもう特別支援級も無理だと……。発達障害を扱う特別な施設を2、3カ所回りましたが、どの精神科の医者からも「改善の見込みは極めて乏しい」と突き放されました。

役所の面談でも、子どもに関する悪いことしか聞いてこない。できないことを聞いている。「45分じっと座っていられますか?」と。しまいには、「あなたのお子さんを普通級に行かせることはかわいそうだ」とまで言われしまいました。

そのうちに、「お子さんには専門の施設があります」と、特別支援学校を勧められるようになりました。言い方は悪いかもしれませんが、それはまるで「隔離政策」のように思えてなりませんでした。私にとっては何か自分が信頼していたバックグラウンドが崩れるような、裏切られたような気持ちでした。

差別的な扱いを受けたことも

私は仕事もそうですし、地域の子どもたちのスポーツ活動にもかかわっているので、同世代の子どもや、その親御さんと日常的に接します。同世代の子どもの成長ぶりを目の当たりにし、日々、わが子との違いを見せつけられるのです。

また他のお父さんたちが「仕事でどんなにつらいことがあっても、帰って子どもの顔を見れば一気に疲れが吹っ飛ぶよね」などと話しているのを聞くと、何とも複雑な気持ちになったものです。

私だって他人と同じように疲れて帰宅するのに、そんなことは望むべくもない。それどころか家ではもっとつらい現実が待っているのです。

いつも「なぜ」という疑問が頭に渦巻いていました。「なぜだ」「何なんだ、この生活は……」。答えの出ない自問自答を繰り返していました。自分の子どもなのだから何とかしてやりたい、でもどうにもならないという気持ちと気持ちの間でずっと揺れ動いていました。

休日にレジャーランドなどに行けば、年齢の近い子やその親御さんから声をかけてもらうことも多いのですが、息子は実の父親と母親ですら会話ができない、目も合わせないぐらいですから、他人様などまるきり無視しているような感じになってしまうのです。

すると相手の親御さんが気づいてスッと離れていったりするのです。あるいは声をかけてしまって申し訳なかったという顔をされたり。それも私たちにとっては大変つらいことでした。

子どもたちが集団でいるときにうちの子だけ輪に入れず、たまに話しかけられても目が合わないから「何？　この子」と思われてしまう。挙句の果てには年下の子にまで、「あの子ちょっとおかしいよ」などと言われたりしてしまうのです。

なかには心ない人もいて、差別的な物言いをされたこともありました。

当時のうちの子は、もうまるで「動物」なんです。言葉は悪いですが、人間なんだけれど、親が見てみてもその行動というのがまったく理解できない。急に奇声を上げたり、暴れたり、視線も合わない状態で……。

近くのスーパーに連れて行くと、「あっ」と思った隙にどこかに行ってしまっている。見つけると、少し離れたところで奇声を発している。こっちはもう慣れてしまっているし、家で発するよりははるかに小さな声だったので、様子を見ていたのですが、慣れてない方からみれば驚きだったのかもしれません。

近くにいる私が父親と知らないで、あるお客さんがレジの人に「ちょっとおかしな子がいるわね」と話しかけたのです。そしたらそのレジの人は吐き捨てるように「そうなの、あの子おかしいのよ」と応じたのです。

とても平静な気持ちではいられなかったけれど、ここで怒ってはいけないと思いました。確かにうちの子は他の子とは違う。だけどここで父親の私が声を荒げたりすれば、なお子どもはおかしいと思われてしまう。子も子なら、親も親だと。とにかく耐えなければいけないと……。その一心でした。

家内が外出したとき、私が子どもの面倒を見たことがありました。ところが私は夕方から夜にかけての仕事ということもあり、つい昼寝をしてしまったのです。ふと、「なんだろう？　この臭いは？」と強烈な異臭に目が覚めました。ウンチがソファ、クッションなどになすりつけてあって、リビング中が大変なことになっていたのです。

オムツにウンチをしてしまったのだけれど、それが気持ち悪くて脱いで、お尻を手当たり次第にいろいろなところになすりつけたようなのです。今も強烈な思い出として残っています。当時は、そういうことがハプニング的によく起こっていました。

答えの出ない暗闇の3年間

それよりも本当にむき出しの心をナイフか何かで切られるような思いだったのが、行政や療育で子どもの将来の相談をするときでした。行政側も相談に乗ってくれてはいるのですが、「このままいけばこういう施設です。その先こういう施設があります」と淡々と事実を告げられるだけという感じでした。

勧められる施設に入所して、高校段階くらいまでは学校もあるようなのですが、その先はどうなるのか。私や家内が聞いても、確たる返事はありません。「それはもう先の話なので、やってみないとわかりません」などと上手に濁されてしまうのです。だけどこの先どう考えてもうまくいくはずがないのです。でも自分にはもう手立てがない。

家内は子どもを連れて死ぬことを考えたと言っていますが、もしかしたら当時私も、家内がこの子を連れて死にたいといったなら、一緒に死のうと思ったかもしれません。子どもに対して本当に申し訳ないのですが、当時はあまりにつらすぎたのです。

まったくゴールが見えない生活の中で、子どもの体はどんどん成長していく。この先30年、40年と時間が経過し、私たちが先に逝《い》ってしまったら子どもはどうなるのか……。結局、答えが出ない。出ないけれど毎日、毎日考えてしまうのです。

2歳半から5歳半までの約1000日、丸3年間、毎日がつらい、疲れた、今後どうしたらいいのか……、そんな負の気持ちで過ごしていました。

EEメソッドは科学的に信用できるのか⁉

２０１０年2月に妻が鈴木先生の本を持ってきて「読んでみて」と勧めてくれたときはすぐには受け入れられませんでした。学生時代に読んだ本に「その場限りの安心を売る民間のクリニックがあるが、とても信用できない」といったニュアンスの一文があったのですが、それが頭をよぎり、疑いの気持ちが先行しました。

それが吹っ切れたのが、１カ月後の3月にいただいた市の発達障害の診断でした。息子は当時5歳半でしたが、確か発達の度合いが2歳3カ月並みと診断されたのです。

そのショックは並大抵のものではありませんでした。それこそ藁《わら》をもつかむ気持ちで鈴木先生の本を手に取ったのです。そこには今まで目にしたことのないことが書かれていました。そこに書かれている「発達障害の子の特徴」が本当に１００％近くわが子にあてはまっていました。

鈴木先生は発達障害のある子の脳の中がどうなっているかを明快に分析され、そのための特別な教育法を開発されたというのです。それは私にとって大いなる驚きでした。

その内容は超高速フラッシュカード、歌、ダンスなど、もしかしたらその一つひとつは通常の教育と少ししか違わないのかもしれませんが、その「ちょっとの違い」は実に大きく、さらにその集積は大変なものだと思いました。

精神科医も臨床心理士、お役人も「お宅のお子さんは、支援級も無理、支援学校しかない」、そう何度も断言しました。そのわずか半年後には、普通級への進学を認め、「息子さんは多少、良くなることはあっても劇的に変わることはない」と断言した同じ医者から、「お子さんはもう問題があるとは言えない」と言われたのです。

就学前の最後の診断で医師は、謝りもせず「とても特異な例です」と言うのがやっとでした。

今はもう結果として、本当にＥＥメソッドをやってよかったとしか言いようがありません。かつていちばんつらかったことさえもが、まるで今日この日のために起こったことのような気がします。つらい思い出ではなく、懐かしい思い出のような気持ちで振り返ることができます。

今となってはこの方法は科学的に間違いなく信頼できると考えています。始めようかどうか迷っている方がいたら、すぐに始めてほしいと思います。子どもの改善のタイミングにはタイムリミットがあり、かつ早いほうがいいからです。

立ち遅れている発達障害研究

今回、自分の子どもの経験から、初めて発達障害に関する教育学の遅れというものを痛感しました。

学校にせよ教育研究機関にせよ、そこで研究をしている人たちは、みなさん「エリート」です。子どものときから優秀で、トップクラスをずっと走り続けてきたエリートたちが発達障害、障害児教育の研究をしても、そこで本当のことがわかるとは思えません。

発達障害を持っている子どもが、どういう生理状態にあるのかという点などはおそらく今まで誰も研究していないと思います。

結局、教育学の世界では、発達障害、障害児教育はマイナーな存在でしかないのです。私自身も自分の子どもがそうなるまでは、どこかこの分野を疎《うと》んじていた部分があったと思います。しかし、それは教育関係者すべてに共通する心理であるような気がします。

自分が学んだ教育学部では、学生自らがテーマ別に部会を作って研究や討論を行なう機会があったのですが、障害児教育にはまったく人が集まらなかったことを覚えています。そんなことからしても層の薄さは明らかです。

そういう状況で発達障害の研究が進むはずもありません。親が藁にもすがる気持ちで専門的に教育してくれる場所を望んでも、それはどこにもないのです。

子どもに対する願い――できる限り人生を楽しんで

今、子どもは、塾教師としての目から見ても、学習面においても、いわゆる普通児と比べて何ら遜色《そんしょく》なく習得できていると思います。

ただ私としては結果を望んでいるわけではないのです。親としてはできるだけのことをするのだけれども、子どもが可能な限り、可能性の届く限り、取り組んでくれればよくて、その結果、どのような到達地点であっても一生懸命やればそれでよいと思っています。

以前、私が子どもに望んでいたことは「最低限の自立」でした。せめて人に迷惑をかけないでほしい。大人になって悪意がないにしても人様を傷つけたり、物を壊したり、そういうことにさえならなければいいと。それは非常にネガティブかつ、消極的な願いでした。

しかし、今はもう違います。彼は今、自分の人生を楽しめる段階まで成長しました。2歳半から5歳半の間を取り戻すためにも、これからできる限り人生を楽しんで生きていってほしいと願っています。

◉この子はおそらく将来、すごい子になります！　大変な優秀児に育ちます！

鈴木昭平コメント

川崎さんご夫妻は本当に夫婦が一つの方向を向いて頑張って来られました。

ご夫婦が一丸となって、協力して取り組んで来られました。このことこそメソッド本来の効果がもっとも発揮される土俵になるのです。

ご夫婦でお互いをほめ合うことも積極的に行なったようです。お互いにほめ合い、家庭がいい「場」になることで、子どもはさらに伸びます。川崎さんのご家庭は今、笑いのたえない、素晴らしい家庭となっています。

お子さんは将来、きっとすごい子になります。ご自分たちは謙遜しているけれど、大変な優秀児に育ちます。くわしくは、このあとの章で述べますが、もともと普通より右脳が発達していたところに、左脳を追いつかせ、高いレベルで左右の脳の働きのバランスがとれているからです。

この本を読まれているあなたのお子さんも同じです。親の意識が変わりさえすれば、子どもの前には洋々たる未来が拓けているのですから。

言葉が満足に出なかったのに4カ月でDQ（発達指数）が69から99に!!

大田孝行くん（仮名、3歳）

孝行くんの場合の改善メソッドの極意

1. 栄養状態の改善も重要なポイント。
知的障がい児教育において、脳の働き（血液の質の向上）、血流改善、脳神経回路の形成、栄養環境などを整えることは、欠かせない土台作りです。
2. できることがあれば、どんどん採り入れてあげる。
ご両親を始め、家族で力を結集することが大切です。
正しく行なえば、必ず改善するので、良いものは、どんどん採り入れましょう。

※エジソン・アインシュタインスクール協会会報誌より抜粋

3章

「自分でできるから構わないで」と息子に言われて「もう大丈夫」と確信！

1章、2章で一人息子である和夫君（仮名）の成長の記録をお話された川崎邦子さん（仮名）と、軽度の発達障害であったが、多動や偏食、コミュニケーション面で問題があった田中安志君（仮名）のお母さん、啓子さん（仮名）の体験談です。啓子さんは、軽度とはいえ、わが子の前途を悲観し、そのストレスからうつ状態に陥り、30キロ超も体重が増え肥満体になったこともあります。その後、鈴木先生に出会い、EEメソッドに取り組むことで、入学時は特別支援級だった安志君が、2年次には普通級へ移行しました。その後、東大先端科学技術センターの異才発掘プロジェクトで絵の才能が認められ、「ホームスカラー」に選ばれるまでに成長しました。

それぞれの息子さんはお母さんに、「もう自分でできるから構わないで」と言ってのけるほど自立心が育ってきています。二人のお母さんと、鈴木昭平・エジソン・アインシュタインスクール協会代表、井上祐宏専務理事が語り合う内容は、正しい取り組みさえすればどんな子も「もう大丈夫」と確信できるまで成長できることを示しています。

協会に出会ってわずか4年で「もう大丈夫」と確信

井上祐宏（以下、井上） きょうは、東京オフィスに鈴木先生と川崎邦子さんに来ていただいております。

川崎さんの体験談は、ネット上の映像も含めていろんなカタチで紹介させていただいています。お子さんは、今はもう完全に普通の学校で普通に過ごされて、2年くらい経ちますか？

川崎邦子（以下、川崎） 息子は今5年生です。「もう問題ない」と私の中でもはっきりしたのは、小学校3年の終わりでした。

井上 改善したら当協会とはご縁が切れてしまう方がほとんどなんですが、お礼の意味も含めて鈴木先生が「ぜひ川崎さんにご挨拶したい」ということで、きょうの運びとなりました。ありがとうございます。

ところで、いちばん大変な状態から、「もう、大丈夫だな」って思えるまで、やっぱり4年くらいかかったわけですよね。

川崎　そうですね。

井上　約2年ぐらい前に「もう大丈夫だ」って思えたのは、何がいちばんのきっかけですか？

川崎　そうですね……。やっぱり息子から「自分に構わないでくれ」っていうようなことを言われたときですね。それまでは息子の生活全般に対して構っていました。学校に行く朝に、送り出しをするんですけれども、その前に全部、忘れ物はないかとか、体調はどうかとか、そういうことをいちいち全部聞いていたんです。ところがある日、「うるさい」と言われまして……。「もうお母さんは自分の仕事とか、そういうのがあるんだから、僕に構わずに、自分のことをやってください」と言われてしまったんです。3年生の終わりぐらいですね。

鈴木昭平（以下、鈴木）　自立したんですね。大人になったんですね。よかったですねぇ。

川崎　その前、2年生の終わり頃には「僕に特別はいらない。普通がいい」ってだんだん言うようになってきました。担任の先生は善意でやってくださっていたことが過干渉になってしまったんです。そのストレスで2年生の3学期にはちょっと登校拒否的な感じになりました。

「やらない」よりも「やってみる」自分が変われば子どもも変わる!!

川崎邦子さん（仮名）

川崎さんの改善メソッドの極意

1. 周囲も巻き込んで子どもを褒める。
   親はもちろん、第三者から褒められることで子どもの更なる自信に繋がる。
2. 子どもに言ってほしい言葉を書き出し、口にする。
   「有り難う」「楽しい」「嬉しい」「できる」「頑張る」などの言葉を書き出し、それを一日一回、声に出して読む。
3. 子どもの一番可愛い写真を持ち歩く。
   辛い時はその写真を見て、「可愛い！可愛い！」と言いながら自己暗示をかける。

※エジソン・アインシュタインスクール協会会報誌より抜粋

「また発達障害がちょっとぶり返したのかな」って思ったんですけど、そうではなかったんですね。

鈴木　レベルアップしたんです。

川崎　はい。それで3年生のときに、担任が男の先生になって、その先生が、放任主義っていうわけではないんですけれども、もうほかの子とまるっきり一緒で、特別扱いしなくなりました。

その先生は、家庭訪問に来たときに、息子の発達障害に関しては一切触れないんです。私がそれについて言っても「何を言ってるんですか、お母さん。息子さんは別に、普通ですよ。ちゃんとやられてますし、お母さんが最初に心配されているようなことは、今のところはないです」とおっしゃっていただいて……。

鈴木　他の子どもだって、ときには不安定になりますからね。そのレベルだということですね。

川崎　3年生になってからは、もう凄くしっかりしてきて、学校の先生からも「下の学年の小さい子の面倒とかもみるようになりましたよ」と言われました。

鈴木　じゃあ、学校に楽しく行くようになったんですね。

川崎　そうですね。はい。

鈴木先生との親子面談で奇跡が起きた

井上　この事務所の電車が見える部屋で、川崎さんご夫妻は初めて鈴木先生に出会われたわけですよね。ご主人が、そのときのことを振り返って「まるで違った人間がそこに出現したようだった」「全然、普段と違う息子がそこにいた」っておっしゃってましたね。

川崎　息子が椅子に座りましたからね。

井上　それまでは椅子に座れなかったんですか？

川崎　座れなかったですね。椅子を座るものとして認識してなかったと思います。面談が始まった最初は、座ってなかったです。地べたにいました。

鈴木　でも、ＥＥメソッドを始めたら、もう集中し始めました。フラッシュカードや音楽も使いました。そうしたら、もういろんなことができるようになって……。ご主人は、たぶんそういうのを初めて見たんで、びっくりしたんでしょうね。

井上　それでまたご主人が「息子は、〝このおっちゃんは僕の脳のことわかってくれる〟って感じてるって思う」とおっしゃった。私にとってこの言葉のインパクトがとても大きかったです。ご主人の言葉で、私はすごく学ばせてもらいました。

問題行動は、子どもの敏感さを読み取る

井上　ところで鈴木先生、親子面談で、いったい先生は何をやっているんですか？　今日は魔法の種明かしをお願いします。子どもが部屋に入ってきて、椅子に座らずにうろつきまわっているのを見たときに、先生はどういうふうな感じを持って考え、どんなところからアプローチをかけていくんですか。

鈴木　子どもさんが部屋に入ってきたとき、その子の行動を見ると、どれくらい敏感か、だいたいわかるんです。敏感なお子さんは座りません。さらに家からここに来るまで、血液中の酸素と栄養素を使って、老廃物を出して、かなりエネルギーを使って、もう疲れています。しかも見知らぬ人がいる緊張した環境に入るんですからね。

私の前に来たときに、お子さんが疲れている具合が見えます。その疲れた度合いに合わせて、情報入力のスピードを変えるわけです。もう数千回やっていますから、だいたい子

どもの表情や様子を見れば、「この辺りのスピードだな」っていうのがわかるんです。

井上 でも、最初はお子さんはカードを見てませんよね。

鈴木 子どもは私の声に反応して、こっちを見たときに、カードを見るんですよね。カードを見たその瞬間の状況に合わせて、スピードをちょっと変えてみるんですよ。そのとき子どもがぐっと集中するスピードが見えたら、そのスピードで情報を入力すれば、どんどん食いついてきます。

カードに反応しない場合は、音楽を使ったりします。音を聞くと「何だろう?」と思って、関心を持ちやすいんです。お子さんたちは敏感で、とくに音に敏感です。音で関心を引いて、次にカードをやる。そのあとに、今度は手を使った作業をする。

手を使った作業は、目も耳も使って、触覚・視覚・聴覚という3つのチャネルから情報が入るから、脳は忙しく動くんです。積み木なんかをやらせると、だんだんハードルが高くなっていくので、集中せざるを得ない。その集中している状況を見て、脳の働きの変化を類推、推測していくわけです。その取り組みをしていると、わが子が目の前で成果を上げてきますから、それを見ているご両親も、わが子の学習の可能性を確認できるわけです。

とくに、川崎さんのご主人の場合は、教育学部の大学院まで出て、専門的な知識をお持ちなので、余計にこういった新しい方法での学習法には、びっくりされたと思うんです。
今までの学問の世界ではあり得ないことが、起きちゃうんです。でも実は、これが真実なんですよ。今までに解明されてない真実。つまり私から言わせれば、今の教育学の常識は、未来の非常識であって、私たちがやっている非常識は、未来の常識なんです。このことを私はみなさんにお伝えしたいんです。

親子面談のそのとき、ありえないことが起きた

井上 川崎さんからご覧になって、親子面談での出来事というのはどんな感じでしたか？

川崎 確かにそのときはあり得ないことが起こったわけです。でも、私は何か逆に疑ってしまったんですね。催眠療法か何かのトリックがあるんじゃないかって。だって、もう何年もかけて、あの手この手で私がやってできなかったことが、座って1分くらいの間に起きたので。悔しかったっていうのもあるんですよ。

鈴木 座るのは当然なんです。だって集中すれば意識はもう見ているものに行っちゃうんですから……。いったん座ったら、終わるまでそこから動かないんですよ。

川崎　でも、子どもだけじゃなかったんですよ。カードや音楽に集中してしまった人間がそこにもう一人いたんです。うちの主人が、カードに集中してしまったんですね。（鈴木先生の『子どもの脳にいいこと』という）本を読んでも、それまでは「ありえない」と反対していた主人が……。

「うちの子どもは治るのか？」って以前主人に聞いたことがあります。そうしたら「う〜ん。残念だけれども、これ以上悪くなることが止まることはあるかもしれないけれども、よくなることはない」って言われました。それが主人の認識だったんです。

私はそれですごくショックを受けました。そんなときに『子どもの脳にいいこと』を会社の上司の方が紹介してくれたんです。

井上　本を読んで、最初の印象は？

川崎　「もう、これしかないな」って、私は思いました。本当に藁《わら》をもつかむ思いでした。「もう騙されてもいい」と正直思いました。どこかに救いが欲しかったので、嘘でもいいから「改善する」っていう一言が欲しかったんです。

私がいちばんすごいなと思ったのは、先生の親子面談のときよりも、1回目のセミナーのときのほうです。今度は、私が先生の虜《とりこ》になってしまったんです。何かが降りてきたんですよ。それで、「自分がやらなきゃ」「もう、すぐやらなきゃ」っていうふうになりましたね。

同じように息子さんが改善し、子離れしなければならなくなった田中さん

井上　ここからは、川崎さんがセミナーを受講した半年後に受講して、同学年の息子さんが、まったく問題なく普通学級に通われている、田中啓子さんにも参加していただきます。
　田中さんが、もうこの子に今までのように関わらなくても大丈夫だと、思えるようになったのはどういう経緯でしたか。

田中啓子（以下、田中）　まず第一に2年生ぐらいのときに「お母さん、もうフラッシュカードいいよ」って言われたんです。「そんなわけあるか！」って思って、それからも数カ月ほど、やってたんです。でももう、息子は他の能力も上がってきているし、本も読んでいる。だから私も「あ、もういいんだ」って、ある日思えました。

井上　フラッシュカードを卒業する日が来るんですね。

田中　来るんです。「ああ、これが鈴木先生が言っていた、軸足が右脳から左脳に移行する

4カ月で2歳半レベルから5歳レベルにまで成長!!

田中安志くん（仮名、6歳）

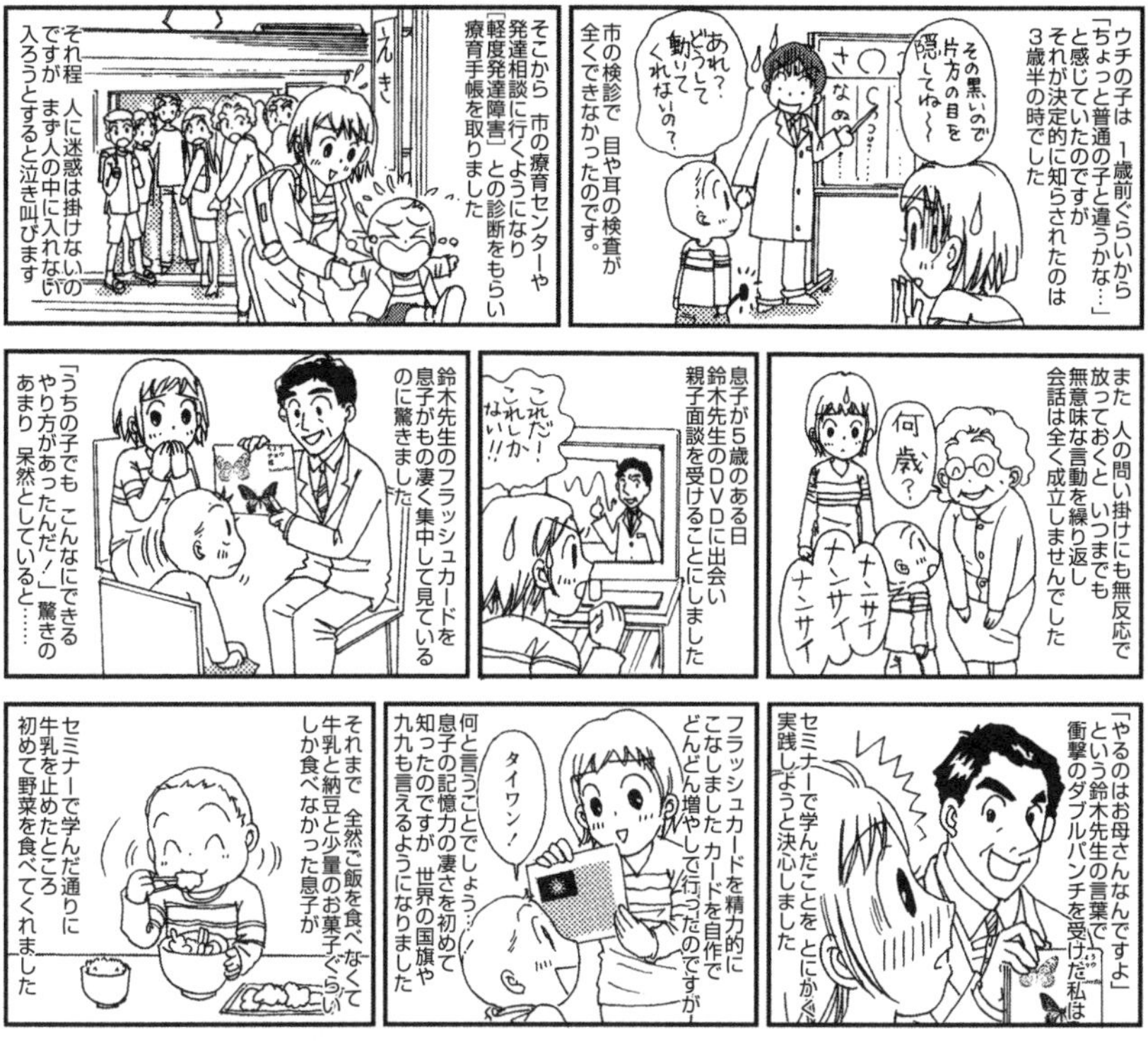

田中さんの改善メソッドの極意

1.やるのはお母さん、貴女なんです。

もちろん、お母さんだけではありません。ご家族皆で頑張りましょう！

2.人それぞれに合ったやり方があることに気付いた。

フラッシュカードを自作で増やす等、前向きで積極的だった。

3.牛乳を止めた。

牛乳は、牛の赤ちゃんのための食物です。人には、むしろ有害です。

田中さんは、学校給食にも「お腹が緩むので」と、断ったそうです。

※エジソン・アインシュタインスクール協会会報誌より抜粋

っていうことなんだ！　それがもう来たんだ！」って思いました。「まさかそんな日が来るなんて」と思ってました。

それが始まりです。今まで四六時中ずっと（息子の）そばにいて、くっついていなければならなかったのが、それから変わっていったんです。小学校生活でも最初はもう、登校と下校の際には必ずついて行ってました。

支援級から普通級に変わったときも、息子が帰ってきたらすぐ先生に電話して「きょう、様子どうでした？」って聞いてました。それで「何もありませんよ」って言われてました。いじめとかも気になるし……。「なんかあったらすっ飛んで行きますから、すぐ言ってください」って先生にはいつもお願いしていました。でも何も起きないんです。

川崎　物足りなさを感じますよね。

田中　あれだけ毎日先生とコンタクトを取って、いろんなことをやっていたのに、それが本当にどんどん無くなっていくんです。

食事に関しては息子のほうがはるかに注意深い

井上　ところでアレルギーについてですが、その子によっていろんなパターンがあると思うんですけれど、田中さんの場合、どんな感じなんですか？

田中　うちは、毎年検査していますが、小麦、乳、卵に遅延性アレルギーの反応が出ているんです。徐々に下がってきていますが、卵だけは今も高いですね。

でも、息子が、毎日「これ食べるとどうなるの？」って聞いてきますから。それでちゃんと説明して「食べられるものは、これとこれよ」とか全部教えています。

井上　そう言われて、お子さんはちゃんと守りますか？

田中　守りますね。「ほかのみんなは、わかってなくてかわいそうだよね」とか言いながら……。

川崎　「お母さん、これトランス脂肪酸が入ってるよ」などと息子が言うんです。

井上　なるほど。乳製品と小麦に関しては今もアレルギーはありますか？

川崎　検査してないのでわかりませんが、基本的に摂っていません。私は最近ちょっと手を抜いていい加減になってきているので「ちょっと今日はパンとか食べ（てみ）ちゃう?」みたいに誘うんですけれど、本人が嫌がります。息子は、食品表示を見て「お母さん、これ、乳って入ってる。だめだよ。食べない」って言うんです。

井上　えらい！

川崎　怖いんだと思います。食事に関しては、息子はすごく注意深いです。私は、食品添加物とは防腐剤なんかが入っているものでも結構食べちゃっていますけれど、息子は悪い（と思う）ものはほとんど摂ってないですね。「旅行に行って、宿泊先で出されたものを食べる」っていうときくらいですね。スナック菓子とか、そういったものは一切食べてないですね。たまに映画館でフライドポテトをつまむ程度だと思います。それも半年に一回くらいですね。

井上　みんな息子さんを見習わないといけませんね。

ところで、いわゆる学業成績っていう観点でみると、田中さんのお子さんはどんな状態なんですか？

効果はうちの子だけでなかった

田中 私の小学校のときよりいいですね。もう親を超えましたよ。三段階評価で、「がんばりましょう」がないですね。「普通」と「よくできました」だけです。

井上 川崎さんの息子さんは？

川崎 学校の成績は、まあ普通だと思います。でも、なんか「変わってるな」って感じはします。それが天才性なんでしょうね。

井上 田中さんは、ＥＥメソッドを実践して、ある程度改善したお子さん三人、小学校１年生が二人、２年生一人の指導をされていらっしゃいますね。その中で気づくこととか感じることってありますか？

田中 食事は大事だってつくづく思います。それと、（ＥＥメソッドの）「超高速楽（学）習法」の効果はすごいと痛感しています。ストレスなく、理解につながっているのがわかるからです。３、４カ月私のところに通ってもらうと、文字を追えて、字を読めるようになったりする子が多いんです。「このメソッドの効果は、うちの子だけじゃなかったんだな」って改めて思いますね。

井上　エジソン・アインシュタインスクール卒業生のお二人から、今迷っている方、あるいは、すでにメソッドを始めている方に伝えたいことはありますか？

川崎　迷っている方は、迷っている時間がもったいないと思います。始められている方には、あきらめないこと。継続は力なり。これだけです。

井上　実感のようですね。じゃあ、田中さんは。

田中　そうですね。迷っている人はやっぱり時間がもったいないですよ。そして、すでに始めている方は、もう全力を、出し切ってやってほしいです。それでつまったりしたら、カウンセラーや先生もいらっしゃいますし……。必ず次につながっていくので、ほんとにあきらめないで毎日、コツコツやることですね。

　子どもたちを見ていると、「この1週間、超高速楽習やってないな」とか、すぐにわかるんです。毎日5分でもいいので、しっかり続けること。普通の子より、そういうことが大事だと思います。食事でも、勉強でも、全部そうですよね。

改善には、お母さん自身が変わることも大事

田中　そうだ！　もう一つ忘れちゃいけないのは、お子さんにやってもらうんじゃなくて、指導しているお母さん本人が改善しないと。つまりお母さん自身の気持ちが変わらないと、これは成り立たないことだと思うんです。

川崎　私も変わりました。私、どちらかというと、後ろ向きなタイプなんです。世の中で、嫌なこと、駄目なこと、そういうのを最初に探してしまうタイプだったんですよ。あれが悪い、誰が嫌いとか……。それがまるっきり無くなりました。

苦手な人でも、その人の中の個性の部分に、すごくいいところってあるじゃないですか。それを見つけちゃう。

田中　もしかして、今後、親の介護をしなければならなくなっても、こういう考え方だったら越えていけるんじゃないかなって気はしますね。

子供の奇声にも絶対叱らない

田中　たとえば、子どもが奇声を上げているとき、どういう対応するか。叱るのか切り替えるのか、人前だからちょっと止めるのか。そういうちょっとしたところの自分の感情のもっていき方が、ＥＥメソッドに出合ってから、本当に全部変わったんです。

井上　これは、すごく重要なことだと思います。子どもが奇声を発してるときに、自分の中でどんなことが起こるんですか？

田中　私は基本、根暗人間なんで、以前はもう隠して隠して逃げまわっていました。ご存じのように私は当時、今より30キロ太っていてすごいデブだったでしょう。ただでさえ人前に出るのが恥ずかしいのに、それで子どもが奇声でも発したら、子どもを抱えて「すいません！」って言って逃げてました。

でも、ＥＥＳ協会に出合って、改善のための取り組みを始めて、「社会性を身につけさせたい」って思うようになりました。だから子どもが奇声を発し、まわりに迷惑をかけるようだったら、止める。でも、子どもは絶対に叱らない。なぜなら奇声を上げるのには原因があるはずだから。

井上　前は叱ってたんですか？

田中　すぐには叱らなかったけれど、ストレスがたまりにたまったとき爆発していました。たとえば、うちの子も電車が好きだったので、車輪を見て「イーッ」って言っていました。それでも、めったに声を荒げないんですけれど、「そんなに電車が好きなんだったら、電車にひかれて死んじゃえば！」って言ったり……。でも、そういうときだけ、息子は泣きながら私についてくるんですよ。「ここまで死ぬ気で怒らないと、こいつは聞かないのか」そんなふうに思ったときがありました。

それが、ＥＥＳ協会に出合ってからは、この子は敏感で、私にはわからないストレスにさらされている、そんな子どもの苦痛がわかっただけで、８割がたスッキリしましたよね。

ＥＥメソッドを続けていると、だんだんできることが増えてくるんです。それでたまに外に連れて行って、「息子は前より頑張ってる」って思えたりするんです。自分が精神的にしんどいときは、あえて外に行かないで、家の中で、体に良い食事を作ったり超高速楽習などをする。自分も穏やかでいることがすごく大事だと思います。

ＥＥＳ協会に出合う前は、「身が粉になるまで働いて、金だけ残して死ねばいい」って思ってました。どう考えたって、自分は先に死ぬから、施設に入れて、そのお金だけ用意する。それしかないと思っていました。

「子どもと密室で3時間以上いると、母親は凶器になる」

井上　２０１４年11月15日付の朝日新聞の『悩みのるつぼ』という欄で、上野千鶴子さん（東京大学名誉教授・社会学者）が友人の体験を紹介しています。「子どもと密室で3時間以上いると、母親は子どもに対して凶器になる」というのです。この話をネットで紹介したら、「私は3時間密室で子どもといっしょにいても、そんなふうにはなりません」って言う人もいたんです。

田中　それは、無理だと思います。私は追い詰められたとき、爆発してました、人間だから。ほとんどの発達障害のある子の親は「世間様に迷惑をかけちゃいけないから、療育とかには行くけれど、やっぱり最後は自分がずっと一緒にいて耐えなければ……。こんな子を産んじゃったのは私だから。辛かろうが、発狂しようが、一緒にいなきゃ……」って思ってると思います。私はそうでした。

くるくる回ったり、突進するわが子が人様に迷惑かけるのは、防がなければならない。だから、3時間以上一緒にいるのは大変なんです。

どこかに預けることに、すごく罪悪感を感じてしまう親御さんも多いんです。でも、ひとりで抱え込んでいたら、一緒に発狂して、それこそ一緒に死にたくなる。その気持ちはすごくわかります。

川崎　私は「自分でやらなきゃいけない」っていうよりも、もうその域を超えていました。ただ何かに助けてほしかった。ほんとに何時間もずっと、延々と奇声を上げている子どもと一緒の部屋にいると、自分もおかしくなるんです。で、私の場合は「この子がかわいい、この子を愛している」と言う前に、自分のことが好きだったんですよ。「こんな子を産んでしまった自分はなんてあわれなんだ。だから世間の人も、きっと私のことをかわいそうな親だと思ってくれるに違いない」っていうふうに思っていたんです。完全に被害妄想ですよね。

敏感すぎる反応は天才の証

鈴木　お子さんが敏感だっていうことに、みんな気づいてないんです。その原因は、お腹の中に入ったときから今日までの間に、子どもが処理しきれないストレスをどこかで感じたのがきっかけになっていることが多いんです。

でも敏感だっていうことは、脳の一部が過剰発達しているわけですから、それだけ天才性をもっているんですよ。つまりお二人とも天才性をもっているお子さんを、手に入れてしまったんですね。だからそれは、早く指導して、しっかりと教育をして、未来に役立つリーダーにするべきなんです。それが神様からのメッセージだと私は解釈しているんです。

子どもが敏感であることを、ちゃんと受け止めてやると、ほんとうに改善してくるんですよ。そのときに重要なのは、敏感なお子さんには、従来のやり方ではダメだという理解なんです。お子さんにあった、新しい指導方法が大事なんです。

私たちはそれを研究して、この協会の指導システムを作りました。このメソッドをやれば、お子さんは必ず変わります。社会化してくるんです。そのときに、初めて「敏感さ」

という素晴らしい才能を使える人間になっていくんですよ。そういう人が、未来を開いていくのだと確信しています。

だから「そういう天才性を持ったお子さんを、今、この手に抱えてるんだ」という認識を持っていただければ、取り組みはいくらでもできます。だから、少しでも早くその指導の仕方をお伝えしたいのです。

お子さんがどういう状態なのかを理解して、どうすればお子さんは変わるのかっていう仕組みを知ることができれば、何にも怖いものはなくなります。それを知らないから、絶望と挫折で前が見えなくなってしまう。川崎さんがおっしゃるように「自分のことを悲劇の主人公だと思ってしまう」。それが普通だと思うんですよ。

だから少しでも早く、私は多くの人に「悲観しないでください。方法はあるんですよ」ということを一人でも多くの人に伝えたいのです。

井上　鈴木先生が開発されたＥＥメソッドをもっと多くの親御さんに、教育関係者に知っていただきたいですね。

「このまま海へ飛び込んでしまいたい…」
わが子の自傷行為に悩まされた日々を克服!!

鈴木京子さん(仮名)

うちの子どもは今3歳です
2歳3カ月の時に「自閉症」と診断されました 当時はあまり笑顔も見せず自分で歩こうともしませんでした

1歳4カ月頃から自分の思い通りにならない時や眠い時に、頭を床や壁にぶつけ続ける自傷行為が始まりました

寝入りにストレスを発散しないと眠れない状態で泣く叫ぶが20分、30分と続き、母親である私もどうにかなってしまいそうに追い詰められていました

ここに書いてあることが嘘か本当か自分で確かめてみよう、やるだけやってみよう…!

そんなある時鈴木先生の本と出会いました

信号が赤で止まるので車窓の壁にぶつけ出すので「この子と一緒に今、海に落ちて死のう」と何度も無理心中考えてしまいました

この子はドライブが大好きで特に海岸線を快調に走ってくれるのですが眠くなった途端に暴れ出します

自傷行為もほとんどゼロに等しくなって——!

睡眠時もすぐに眠るようになりました

頻繁に笑うようになったり自分で歩き出すようになったり

指導を始めてすぐに子どもの様子がそれまでと違うことに驚きました

ところが…!

「ダメで元々」と言えば言葉が悪いですがこの子のためにとにかく何かをやってやりたかったのです

かつての私のように何をしてやれば良いのか分からないという親御さんは多いと聞きます

是非「やらない後悔よりもやる後悔」という思いで一歩を歩み出してもらえたら……と思います

うんちはトイレ
トイレ
うんちはトイレ
ね!

毎日、お風呂で暗示かけをすると、一カ月を要さないでトイレに行けるようにもなりました。私の子は確実に成長を始めたのです

個人レッスンでは先生がされるフラッシュカードを興味深く見つめているのはこれまでに見たこともない集中力でした

鈴木さんの改善メソッドの極意
1. "やらない"よりも"やってみる"
「子どもたちのためにできることがある」という意識で。
2. お風呂での暗示を実践
配信メールなどで送られてくる「体験談」を参考に、お風呂での暗示を実践。
3. 発達検査表を毎日チェック!
毎日、検査表の項目に取り組むと、できなかったことがある日、突然できるように。

鈴木先生の
ここが
ポイント!

※エジソン・アインシュタインスクール協会会報誌より抜粋

4章

発達障害から家庭内暴力に。問題行動に命がけで向き合う

発達障害のある子による問題行動に対して対処法を誤り、親が子どもを押さえつけたり、虐待に走ったりするケースは少なくありません。やがては、子どもたちが親に危害を加える家庭内暴力に発展することも少なくありません。

ルールに制約される競技用ではなく、実践的な空手・格闘技を追求する日本武道総合格闘技連盟空手道禅道会主席師範の小沢隆理事長は、青少年の健全育成に力を入れて、さまざまな活動を展開しています。20代から空手道場を開いた小沢理事長は、さまざまな家庭内暴力問題の解決にも真剣に向き合い地域社会からも頼られる存在となっていて、非行・引きこもり・薬物依存・発達障害・精神障害自立支援施設、通信制高校サポート校ディヤーナ国際学園を主宰しています。

また最近、少年部道場生の中に発達障害などから家庭内暴力に走るローティーンが増えてきていることに注目し、そうした子どもたちの指導にも力を入れ始めています。

小沢理事長と鈴木昭平EES協会代表との対談では、とくにお母さんの役割が大事であることが再確認されました。

道場で20年以上前に発達障害のある子の存在に気づく

鈴木昭平（以下、鈴木）　空手道場の全国の指導者が、発達障害のある子どもの指導方法について悩んでいる、と小沢先生から伺いました。

小沢隆（以下、小沢）　私が最初にそういう子どもたちの存在を意識し始めたのは、もう20年以上前になります。ちょっとした事件がありました。ひょんなところでキレて、とんでもない行動をする小学校2年生の子がいたんです。

あまりにも言うことを聞かないことが多いので、指導の先生が思わず帯でパンと叩いたんです。そのお母さんがかなり怒ってね、それで問題になりました。その子が私が初めて出会った、明確に覚えている発達障害の子。明らかに発達障害があり、ＡＤＨＤでしたね。

鈴木　具体的に何ができなかったんですか。

小沢　号令に合わせて行動ができない。稽古の途中でキレてしまう。コントロールができない。マススパーリングといってお互いにゆっくりした動きでやる稽古があるのですが、テンポに合わせてゆっくりした動きができない。テンポに合わせさせようとするとキレちゃう。

その子は小学校6年生まで、道場に通っていました。でも、状況を変えることはできませんでした。誰よりお母さんが苦しみすぎるくらい苦しんでいました。子どもさんへの罪悪感があり、その反動で、ささいな先生の言動にも攻撃的になってしまっていたのです。

そんなことから、その頃から発達障害のある子どもの存在に気づき始めました。

発達障害の子は約10年前から激増している

小沢　禅道会の少年部の道場生を見ていますと、10年前くらいから発達障害のあるお子さんが増えてきています。明確に調べたわけではないですが、5、6年前に、発達障害のある子の割合が18パーセントくらいになっていると聞いたこともあります。

そのとき私が現場を見ている感覚としても、「確かに18パーセントくらいはいるな」と思ったんです。とくに、何らかの発達障害をもっていると感じられるのは、幼稚園児から小学校低学年の子に多いのです。

鈴木　小学校2～3年くらいまでの子が目立つんですね。

小沢　はい。言葉も遅い感じがします。通常の場面で適切な言葉が使えない。それでも最初は、「発達障害」っていう病名がつくようになったから、そういうふうに診断される子が増えたんじゃないのかと思っていたんです。

鈴木　よくありますよね。「医者が病気を作る」じゃないけれども……。

小沢　最初はそう思っていたわけです。でもそれだけでは理解できないくらい、どんどんどんどん増えてくるなと感じていました。

発達障害の子に対して指導がうまい道場の指導者の特徴は？

鈴木　号令かけてもやらない、稽古にならない。そんな現実にどうやって対応していたのですか？

小沢　通常、人間って他の人と同じようにやるわけですが、それができない、それで先生も困り果ててしまうのです。そうすると、生徒も道場にだんだん来なくなってしまうんですね。

鈴木　そりゃそうですね。集団指導ができないわけですから。

小沢　軽度の子はなんとか稽古を続けることができたりするわけですが、基本的には他の人と歯車が合わない。本人も他人に対して違和感を感じていると思います。「自分が理解されない」っていう違和感を感じて、自分の居場所がなかなか見つからない。

こんな現実に道場の指導者たちは直面しています。

それでも、発達障害のある子どもたちを抱えながら比較的成功している道場があります。統計を取ったわけではなく感覚なんですが、先生がやっぱり、ほめ上手なんですね。オーバーにほめる。オーバーにほめる先生が受け持つところは、うまくいくケースが多いのです。

高卒サポート校の「ディヤーナ国際学園」の方にも発達障害のある思春期の子たちがたくさんいます。そこでも「すごいな！　お前！」、「なんかお前って神がかりなとこあるよね？」「創造力がすごいかもしれない」そんなふうにちょっとオーバーにほめるようにしています。すると改善されることがよくあるんですね。

ただ我々はその子たちが発達障害だって知っているからいいのですが、その子たちがポーンと社会に出たら、かなり厳しい現実が待ち受けていますよね。

だから我々も、発達障害という分野にすごく関心をもつようになって、具体的な改善方法はないものだろうかと模索してきました。この子たちが社会の中で生きていくためにはどうしたらいいのか。グループホームでしか適応できないのか。発達障害を持ったまま社会の中で生きていくことの厳しい現実、むごさを感じると、私自身本当に不憫な思いになりました。

そんななかで鈴木先生のEES協会の存在を知りました。発達障害の子が改善されている、しかも親を指導することで。その事実を知って非常に関心をもちました。

切実な問題を持つ親御さんへの啓蒙活動が突破口に！

鈴木　いま敏感な子どもが増えています。これまでの親の感覚では育てにくい子が非常に多いです。なぜか？　大きな捉え方では地球環境の汚染、悪化です。生活レベルでは食べ物の悪化、空気や水の汚染です。さらに、電磁波や放射線の影響があり、社会不安の増大、家族関係の希薄化、親の存在感の低下なども影響しています。

何より子どもにとって悪い条件がすごく増えてきています。子どもたちは、愛されているという感覚、実感がなくて、不安を抱えている。子どもにとって必要なのは、安全・安心・安定なのですが、これらが今の社会では得にくくなっている。

こうした社会で生まれ育った子どもたちは、非常に不安定で過敏になります。外部からの刺激に過剰反応する、そして自分自身をコントロールできない。結果として、我慢と自信が足りなくなる。だから社会化できない。そういった構図が見えてきたんです。

それなのに、大人が今までの感覚で子どもに向き合おうとするため戸惑ってしまうのです。できるだけ早い時期に〝身辺自立〟ではなくて〝社会自立〟できるように育てる方法が必要なのです。

小沢先生がやっている武道教育という指導の中で、その教育法を実践できるんじゃないかと思って期待しているんです。

小沢　ありがとうございます。以前から私たちも親御さんの意識を変える啓蒙活動をしなければいけないと思っていました。でもその方法が見つからなかったのです。でも、鈴木先生が実践しておられるメソッドなら、親御さんに広げていけるんじゃないか。鈴木先生と初めてお会いしたときに、そのことに気づいたんです。

切実性がないと、人は行動しませんが、発達障害という切実な問題を抱えている親御さんからはじめて、さらに広く一般の親御さんにも子育ての輪を広げていきたいと思っています。

武道の稽古は学習能力の向上に繋がる

鈴木　武道と学習を繋げることには大きなメリットがあると思います。たとえば武道で体を鍛える、精神を鍛える。それだけでなく、脳も鍛える。だから、成績が良くなる。そうなると親御さんももっと積極的になると思います。こうした観点を武道教育の中に新しく入れられたらどうでしょうか。

小沢　確かに稽古の終わった後の脳は、超高速学習に適した状態になっていると思います。だから稽古後の15分から30分を使って、実際に子どもの成績を上げることができるのではないでしょうか。

親御さんが子どもを空手道場に通わせる動機は、「礼儀が身に付く」とか「我慢強くなる」、「ストレス耐性が上がる」といったものです。

さらに、武道で身に付いた集中力で、15分~30分学習をして本当に成績が上がったら、親御さんたちも武道教育の有効性を感じとってくれるかもしれません。

鈴木　私は、稽古の前に耳と目を使って集中力を高める訓練をし、稽古の後に今度は、学科の超高速学習をやるといいと思います。発達障害のある子はとても敏感なところがありますが、それが武道の世界でも活かされると、ものすごい選手になると思います。

小沢　格闘技は基本的に集中力が必要です。その集中した脳の状態を、うまく学習に活かせば文武両道が可能になると思います。

たとえば苦手意識は、学習における情報の吸収力を妨げますが、稽古の後は苦手意識が抜けていますから、その状態のときに学習したほうが効率がいいのは決まっています。そもそも人間の能力ってそんなに違わないと思うのです。

鈴木先生のお話を聞いているうちに、武道によって子どもの学力を伸ばすことも可能ではないかという思いが、確信に変わりました。

武道の呼吸法で脳を活性化

鈴木　小沢先生のビジョンは、とても素晴らしいと思います。

まず指導されている呼吸法が、脳への酸素の供給量を上げ、脳をすごく活性化させます。

道場では、礼儀の大切さも学ぶ

そうすれば、武道の試合においても相手の動きがはっきりに見えるはずです。

実際に私もその呼吸法をディヤーナ学園の生徒がされているのをそばで見ましたが、物凄く深い呼吸が起こっているのに驚かされました。

呼吸法だけ指導される場合もありますか？

小沢　あります。呼吸法は大きくは3つに分かれます。吐く息がとても長いゆっくりとした呼吸法、吸う息と吐く息が同じ長さの中間の呼吸法、一分間に百回以上という早い呼吸法があります。脳が敏感で高覚醒の子には割とゆっくりとした呼吸を主にやらせます。低覚醒の子、いつもトロンとしている子には早い呼吸をやらせ交感神経優位な状態にしていきます。そして吸う時間と吐く時間が5対5の中間の呼吸になると、自律神経のバランスが整います。
吸う時間と吐く時間が4秒対8秒くらいだと、息を吐く時間が長いため副交感神経が優位になり、リラクゼーション効果が大きくなります。いずれにしても、生徒の状態に合わせてうまく組み合わせて指導します。

鈴木 人間の脳というのは、いちばん酸素を多く消費する臓器です。敏感な子どもたちは酸素を多量に消費してしまうので、酸素不足になりやすい。その表れが、すぐにあくびをすることなんです。酸欠の状態だから自然とあくびが出るので、これを叱ってはいけないのです。

小沢 私の感覚では、呼吸、水、食べ物の順番で重要だと思います。

鈴木 脳を活性化させるという観点から見て、武道の素晴らしいところは、大きな声で「気合い」を入れることにあると思います。気合いで脳も活性化します。同時に姿勢も良くなる。姿勢も脳の活性化には重要なポイントです。学習能力を上げるのには、武道の中でも空手道は最適だと思います。

小沢 私たちが主宰する空手道禅道会の総合格闘技は、実践にいちばん近い形を追求するなかで自然に生まれてきました。要するに使えるものはなんでも使う。ＥＥメソッドも子どもを改善するためなら、あらゆる方法を使う。そういう姿勢が私どもの活動と共通する点ではないかと感じました。

発達検査表をつけることで親のストレスが軽減する

鈴木　子どもは一人ひとり全員違います。だから個別にデータを取って、子どもの状態を可視化して、その変化を見るわけです。それに基づいてその子にとって何が適切なのかを探っていかないといけません。

こうしたことを繰り返し重ねてきたことで、徐々に指導する子どもに対する指導の幅が広がってきました。

これが私には、とてもありがたいことです。でもまだまだです。ＥＥメソッドに完成はありません。どこまでも進化・発展していきます。

小沢　協会のトレーニングセミナーを見学させていただいたときに、「このメソッドはお母さんの認知を変えていく作業なんだな」と思いました。発達検査表（１８９頁参照）をつけることで、わが子へのより細かい認知が可能になる。それが、お母さん自身のストレス・コーピング（ストレス対応）になると感じました。

鈴木　発達検査表をチェックすること自体がストレス・コーピングになる、つまりお母さんのストレスが軽減する、ということは私も感覚的にはわかっていましたが、小沢先生の言葉でさらに納得がいきました。

「気持ちの切り替え」が要！

鈴木　小沢先生がストレス・コーピングと出合ったのはいつ頃ですか？

小沢　出合ったというか、自分でやっていたことをストレス・コーピングの視点でみたら、まったく同じことをしていたことに気づいたんです。

鈴木　じゃあ、どういうことをやっておられたんですか？

小沢　たとえば、試合を目指して稽古をしていけば、オーバーワークになりますよね。落ち込んじゃうこともある。そこで〝今、疲れのいちばんピークだけど、その割にはよくできた〟と、認知をプラスに変えていくようにします。

「こうすれば自分の気が晴れる」というパターンを、いくつか持っておくのです。ひとつは気晴らしの必要を認知しておく。もう一つは、考え方自体を違うものに変えていく。私はこの二種類のストレス・コーピングをうまく使っています。

鈴木　気晴らしを認知するというのは、具体的にどういうことをするのですか？

小沢　たとえば、歩くとかサウナとかシャワーを浴びるとか……。できるだけたくさん気晴らしになるものをそろえておくんですね。

鈴木　ストレスがかかったときには、実際にやってこられたわけですね。

小沢　はい。たとえば稽古自体やりたくないときが誰にでもあります。でも終わった後の気分の良さを想像することができれば、「やっぱり今日も行こう」という気持ちになります。人間って〝快〟の方向にしか向かないんです。目の前のことが大変でも、終わった後の気分の良さを認知すると、「やっぱり行こうかな」となるわけです。

鈴木　ご自身が稽古が大変なときとか、心がめげそうになったときにやっておられたわけですね。

小沢　そうなんです。自分が〝快〟になるメニューをいくつもそろえておくのです。たとえば、稽古が終わったら一杯飲みに行ける。一杯飲んだら、さらにサウナに行こう。

好きな本を読む。あとは解釈を変えるのです。〝今この状態で、これだけできれば十分だ〟というように、自分に自信がつくように解釈を変えていくわけです。

私も選手として現役の時代は、一日8時間ぐらい練習していました。稽古が終わったら、「ぶっ倒れる」というような毎日を送っていました。そんな毎日の中、疲労がたまってくると〝週末は行きつけの飲み屋で一杯飲もう〟といったふうに楽しみを想像する。すると気分が変わり体の疲れも取れるんです。

鈴木　切り替え、ですね。

小沢　そうして切り替えられるコマをたくさん作っておくんです。

鈴木　それは、おもしろい。ストレス・コーピングというのは「気持ちの切り替え」ですね。これは、改善指導の成功の秘訣にも繋がります。

武道の極意とストレス・コーピング

小沢　〝疲れた、疲れた〟っていう気持ちに囚われてしまう。つまり自分の気分に「居着《いつ》く※」ということが、武道ではいちばんよくない。そうすると技や動きにも居着いてしまうという習慣が身についてしまう。また、極端に自分の気分に居着くと精神の荒廃をおこしてしまう。そこで「居着かない」方法としては、気分転換の方法をたくさん見つけることと、思い方そのものを意識して変えることがあります。

鈴木　私もやっています。やっぱり、立て続けに子どものレッスンが重なると体力的に辛くなってくるんです。そのときに、〝この子が将来天才になって、未来を変えるかもしれない〟と思うと元気を取り戻せます。

小沢　ＥＥＳ協会のセミナーを拝見して、ピンときたのは「オーバーに子どもをほめる」ということです。

発達障害の子どもは、一つの感情にこだわり、ガーッと居着いてしまうんです。それを母親がオーバーにほめると、感情が「居着かない」という現象がやっぱり起こります。そうすると、子どもの気持ちがパンッて変わって、感情の暴走が切り替えられる。ほめるということが子どもの気持ちを変えている、ストレス・コーピングになっているんじゃないかと思います。

また、発達検査表によって子どもの状態を細かくチェックすることで、まずはお母さんの気持ちが楽になりますね。

※**居着く**　身体のどこかに力み・たるみがあって、次の瞬間に攻撃された時、すぐに正しい動作が出来ない状況

〝ああ、こんなに「○」がつかないよ〟と落ち込む人もいるんじゃないか、と思われる方もいるでしょう。しかし、私自身が、子どもさんのことで悩まれている親御さんと向き合ってきてわかったことは、皆さん、自分の悩みが何なのかもわからないで、混乱されていることです。

現実と向き合って、具体的に一つ一つチェックすることで、整理されてくると自分が楽になり、自然と接し方も変わっていくという側面もあると思います。

鈴木　私どもの発達検査表は、「○」だけではなく「△」もつけています。ただ、「×」はつけないよう指導しています。「△」というのは可能性を表しています。そこが大きな違いです。医師や心理学者が行なう一般の検査表ですと「○」や「×」だけしか付けない。「できる」「できない」の診断を下し選別するだけなのでストレスになるのです。

小沢　鈴木先生が「親バカでいいんだ」とおっしゃっておられましたが、親は身びいきで見るからその感受性に子どもも答えようとする。客観的に見るのは、親以外の先生がすればいいのですから……。親は親バカでいいんだと私も思います。

そのほうがお母さんの心が安定しますし、ものすごい効果を発揮する。なぜなら、楽になった感情で、また子どもを見られるようになるのですから……。

鈴木　子どもをまっすぐ見つめることができるようになる。そこからはじめて、わが子を改善する指導の世界に入っていくわけです。

子ども時代、夢をコントロールする技術を身につける

鈴木　ところで、空手はいつごろからどうして始められたのですか？

小沢　中3のときです。伝統系の空手を習い始めました。

実はその当時、死んだらどうなるかなどと考えていて、武道をすれば何か人生の意味を悟れるのかな、という気持ちがあったんです。

子どもの頃、夢の中で化け物に追われて、他の人に助けを求めても、その人には見えないらしく助けてもらえない。それで、夢の中で「これは夢だな」って自覚できるように練習したんです。それから夢を変えられるようになり、夢の恐怖はなくなったんです。

鈴木　それはおもしろいですね。

小沢　けれども、内的不確実感っていうんでしょうか。なぜ生きて、なぜ死んでいくのか――。人生の中で、たとえば人を愛したとしても、最終的に死を避けれない、一種の宿命

ですよね。そのことに他の人はなぜなんとも思わないのだろうか、などという感情に苛まれていました。

鈴木　その問題は空手で解決しましたか？

高校をケンカで退学

小沢　実は私は、スポーツで有名な高校の球技特待生でした。ところが、当時は「つっぱりハイスクールロックンロール」とかが全盛の時代で、ケンカが日常茶飯事、退学になってしまいました。過剰防衛って言われました。

鈴木　昔からケンカは強かったんですか？

小沢　そんなに強くなかったんですが、売られたら買わなきゃいけない、という主義でして……。

1年の夏休み前に退学になってしまい、長野県茅野市にある某大学の付属高校に転校しました。そのときに、球技では身を守れない、やっぱり格闘技しかないと思って、空手を本格的にやり始めました。必要に迫られたということもあります。

鈴木　なるほど。今度は本気になったわけですね。

小沢　転校したその日に絡まれましたからね。早く強くなりたくて、道場の稽古をベースに自分でも練習し出しました。5、6人の仲間で、神社の裏に集まって稽古をしたこともあります。

鈴木　そのリーダーみたいな感じですか？

小沢　そうです。それから大学生になってからは、某フルコンタクト系の空手を始めました。某大学だったので本校のある近くの小田原道場に通いました。

競技用ルールでは実戦に勝てない

鈴木　某大学はたしか、柔道で有名でしたね？

小沢　そうです。某大学の柔道部員って、みんな150キロくらいあるんです。ところが、某フルコンタクト系の空手って、顔を叩いてはいけないルールなんです。顔を叩かないルールに縛られていたら勝てるわけがないと思いました。

そこで自分だけはジムに通ってボクシングを習ったりしました。要するに、ルールを守って競技に勝つよりも実戦で強くなりたかった。

実際の護身から考えると、顔を攻撃できないのは致命的に不利と考えていたときに、たまたまその空手のチャンピオンだった先生が、顔面パンチあり、投げありのルールを考えて、仙台で総合系空手の道場を始めることを知りました。

仙台まで行って弟子になりました。そのうち、「地元で道場を開きなさい」と言われて、長野県飯田市で支部を開設しました。25、6歳のころ、30年前の話です。

鈴木　道場は盛況でしたか？

小沢　ええ、道場はどんどん広がっていったんですが、今度はレフリーに疑問を持ち始めました。

鈴木　レフリーにですか？

小沢　試合では、レフリーがいてストップがかかりますが、実際の決闘だったら誰もストップしてくれない、と考えてしまって……。レフリーがストップしない、それを突き詰めていったら、総合格闘技的になった。

それで、わたしたちの支部だけは総合格闘技を練習していました。異端だったわけです。

そして、たまたまブラジリアン柔術の選手がアメリカで始まった、アルティメットという総合格闘技の大会のチャンピオンになりました。その後その大会に挑戦した日本人武道家が、ブラジリアン柔術の選手に歯が立たなかったという事件が起きました。当時なんでもありで闘えば日本最高と目されていた全日本チャンピオンだった空手選手が、ホイス・グレイシーという選手に負けたんです。

鈴木　それは大問題になったでしょう？

ブラジリアン柔術に勝って話題になり独立

小沢　日本の格闘技界からすると、ブラジリアン柔術は〝黒船〟のようなもので、日本最強の空手家が敗れたことで空手道から離れる人が増えるのでは？　と空手界全体が危機感を抱きました。総合格闘技ブームの到来でした。

そんなとき、当時の私たちの所属する団体で空手道が総合格闘技に通用することを示すための総合格闘技大会を主催する運びとなり、総合格闘技で一日の長のある当時のうちの支部の選手がメインイベンターを含む3人に選ばれ、ブラジリアン柔術の選手などに2勝1分けで勝って空手道の面目を施したのです。その後、総合格闘技を主戦場とする私たちは母団体を離れ独立し、総合格闘技のチャンピオンになる弟子も多数現れメディアでも多く取り上げられ、私たちの団体が空手ベースの総合格闘技の団体として認知されたのです。

鈴木　そこから発展の道が開けたんですね？

小沢　そうですね。空手道禅道会という団体を1999年に興して、それが瞬く間に広がりました。

鈴木　お弟子さんは何人くらいいるんですか？

小沢　日本国内だけで1万人ほど。海外の実数はちょっと把握できないのですが、相当な数がいるでしょうね。世界25カ国に広まりました。最近、イランにも支部ができました。

空手の道場というと子どもが多いんですが、うちは大人が多かったんです。それで指導者を多く育てることができ、短期間に拡大しました。

鈴木　そんなに広まるとはすごいですね。

非行少年たちの親が相談に押しかける

小沢　一方で、空手道場の保護者からさまざまな相談を受けるようになりました。そんないきさつから問題児たち、当時でいう「非行少年」を自宅で預かる活動をする羽目になってしまいました。最初のうちは、相談に来てもらっても学校じゃないし、困るんです、とお断りしていたんです。

ですが、息子に殴られ、あばら骨を骨折したお母さんが這《は》いずるようにして助けを求めてくるとか、子どもに暴力をふるわれたお父さんが、夜中骨折しなかったほうの片手で運転して逃げてくるとか……。断るわけにもいかなくなりました。

鈴木　それは何歳くらいのお子さんたちですか?

小沢　当時は主に高校生、15~18歳くらい。

鈴木　家庭内で親に暴力をふるうような15歳以上の問題児ですか。これは大変ですね。

小沢　預かると、一緒に稽古をさせるのですが、嫌がる子も多いんです。

預かるまでも大変なんです。家庭内で親に大けがをさせるような暴力行為をしてますから。場合によっては、チンピラのアジトみたいなところに立て籠もったりしていましたから。

鈴木　そこに踏み込むんですか?　そうなると、相手は一人ではないでしょう?　身の危険は感じなかったんですか?

小沢　ナイフを振り回す子もいましたからね。
鈴木　まさに命がけですね。
小沢　そんな活動が口コミで広がり専門のセクションを設立しないと対応できなくなり、自立支援施設ディヤーナ国際学園を設立する方向となりました。

暴れる子を4時間くらい押さえつける

小沢　私たちディヤーナ学園の仕事って、当たり前なんですが生徒が暴れても殴っちゃいけないんです。だから取り押さえることになりますが、たとえば高校2年生くらいの生徒が本気で暴れると、取り押さえたまま4時間くらいは暴れています。
もう疲れたっていうまで押さえ込むこともあります。ですから、ちゃんとした護身術を身につけていないとスタッフが大けがをしてしまいます。
鈴木　ほんとうですね。
小沢　世の中には手ごろな護身術がありますが、ほとんど役に立ちません。うちのは実戦方式の武術なのでビシッと押さえられます。4時間くらい取っ組み合っていると、それが案外いいスキンシップになって信頼関係が生まれたりもします。

ただ、護身のあり方が、基本的には「礼の精神」「相互尊重」にないと信頼関係には至りません。心の中で相手を裁かずいかに受け入れるかがとても大切です。そんな活動のなか彼らたちの育成歴を知り感じたことは、やはり母親の重要性、存在の大きさなんです。母親の影響ははかりしれなくて、子どもが悪くなるかどうかはほぼ母親のあり方にかかっていると思います。

鈴木　お母さんの存在は大きいですね。

小沢　家庭内暴力をともなうと、ご両親は完全に仕事どころではなくなってしまいます。依頼があって家に行くと、お母さんが血を流して倒れられていることもままあり、放っておいたら殺人事件になるかもしれないというようなケースもゼロではないんです。

家庭内暴力も時代とともにだんだんと、単純な非行少年の比率が減ってきて、発達障害の子とか、精神障害だとか、引きこもりとかという事例が多くなってきたのを感じます。

鈴木　依頼件数も増えたというわけですね。

自分たちを大人の物差しで裁かない初めての大人

小沢　ディヤーナ学園は空手のイメージでスパルタ的なイメージがあるようなのですが、実は全然スパルタではないのです。とにかく対話をするんです。めちゃめちゃ話を聞くんです。話を聞き倒すくらい聞いています。夜から朝日が昇るまで生徒の話を聞くことも少なくありません。

彼らがいちばんインパクトを受けるのは、自分たちを大人の物差しで裁かない大人に初めて出会ったということですね。そこがスタートラインじゃないといけない。そもそも学園に預けられる生徒は、空手道場に通う道場生とは異なり空手に興味があってきている子どもたちではないですから。

我々にとっては、空手の先生というキャリアを一旦、横に置いて、相手を受け止めなければいけない。とにかく相手の話を聞くというスタンスで少しずつ信頼関係を作っていく。そのうえで、相手にも少しずつ行動を変化させるようにしています。それには我々自身、心理学やらいろいろ学ぶ機会が増えてきました。

武道でストレスをコントロールできる

鈴木　カウンセリングの勉強もされたのですか？

小沢　はい。ディヤーナ学園では空手の練習も、どうしても嫌な子にはやらせませんし、競い合うのが難しい子もいるので、そのあたりの配慮も必要です。

ストレス・コーピングで、考え方、認知を変えていこうということもしています。

鈴木　意識転換ですね。

小沢　嫌なことがあったとき、たとえば上司に無視されたとしても「でも、上司は忙しくて僕に気がつかなかったんだな」と、意識的に認知を変えていく。これが、ストレスの大きな原因であるコミュニケーション不全の改善にもとても役立ちます。

鈴木　それって、むかし小沢さんが夢の中でやっていたことですね。

小沢　確かにそうですね。嫌なことの気晴らしって普通は無意識のうちにやっているものです。でも、それを意識的にすると、前頭葉を使うので、扁桃体の暴走を抑えられるようになるんです。

そういう方法と呼吸法を合わせていけば、精神状態をかなりコントロールできるようになります。また、身体面では呼吸法で、ある程度心拍数も体温も自分で変えられます。私はそれを武道の経験上、知っていました。体温も意識すれば、37度5分くらいまで上げられますし、35度くらいまで下げることもできます。

鈴木　それは素晴らしい。

小沢　たとえば、試合前に心拍数が上がってストレス反応を起こし、扁桃体が興奮する。それをちょっとした呼吸法のテクニックでぐっと下げて、平常心で戦うことができます。やはり、体から入るのが手っ取り早いのかなと思います。

　対人関係の中で、ストレスを発生しない方向に認知を変えていこうというとき、ストレスコントロールと武道とはけっして無関係ではないんです。

鈴木　なるほど。

子どもより親のカウンセリングのほうが先

小沢　私たちの学園は、子どもを預かるのが専門ですが、多くの事例を扱っているうちに、子どもと向き合うだけでなく、まず両親のカウンセリングの重要性を感じていました。
それをやろうと思っていた矢先、ＥＥＳ協会の話を聞きました。お母さんに対する啓蒙と子どもへの対応を同時にやる必要があるという、鈴木さんの協会の考え方に関心をもったのです。

鈴木　そうでしたか。

小沢　先日見学させていただいたＥＥＳ協会のトレーニングセミナーで、「これは素晴らしい！」と感心しました。大脳生理学的に見ても、とてもすばらしいし、カウンセリングの対象を母親にスポットを当てていることがとても感銘を受けました。
家庭生活の大半はお母さんの影響が強いし、とくに幼年期は発達過程にある脳のニューロンが柔らかい時期です。そこでお母さんからいい影響を受けると、改善率がかなり高くなるのではないかと感じました。

鈴木　ありがとうございます。

ある「嘘つき少年」の正体

小沢　ある生徒の例ですが、「親にいい大学に入れ、いい大学に入れってプレッシャーを掛けられて、自分は家庭内暴力になったんだ」と主張する生徒がいたのです。

でも、お父さん、お母さんに聞くと「そんなこと一言も言ったことありません。あの子は警察に捕まると、必ず親のことを悪く言い嘘をつくんです」とおっしゃいました。

そこで私はピーンときました。機会やタイミングを待って、このことに気がついてもらおうと話をしていたら、「あ、わかりました。私たちの無意識にある欲求に息子は応えようとしていたんですね」「嘘をついていたわけではなかったんですね」と泣き崩れました。

鈴木　お母さんも気づいた。

小沢　ええ、よく気がついていただきました。そこまで待たないといけなかった。そこにお母さんが気づいて劇的に親子関係が変わったというケースもままあるんです。

鈴木　大事なところですね。そういう敏感なお子さんこそ、実は天才性をもっています。それを伸ばしてくれる人に出会えるかどうかなんです。

小さいときって五感が優れている。だから見たもの聞いたもの全部を吸収してしまいます。さきほどの「嘘つき少年」の例のように、言ったことだけじゃなくて、思っていることまで全部受け止めて影響を受けているのです。このプロセスが、脳科学のミラーニューロンという理論で最近解明されつつあります。

小沢　子どものころ、親から学んだことがまた自分の子育てに連鎖していくわけです。虐待を引き継いでしまうという因果をどこで断ち切るのかは、まずお母さんからでしょうね。

鈴木　いちばん脳の基本がつくられる幼児期に過ごすのは家庭ですから……。

「お母さんが大事」で一致する

小沢　家庭内暴力で、親が子どもに脚で踏みつけられたり、顔をスリッパでなぐられたり、親の尊厳もむしり取られるような経験をすると、口には出さないけれど、ちらっと「わが子が死んでくれればいい」という思いがよぎるんです。

でも、親ですから、そんなことを思ってしまった自分を責め罪悪感を感じてしまう。そんな場合、私は「お母さん、お母さんは今までベストを尽くしたと思ってください」と伝えます。すると、自責の念から解放されて、多くの方は涙されます。

鈴木　私たちは、お母さんが大事という点で完全に一致するようですね。小沢先生がやってこられたやり方に我々のメソッドを加えたら、もっと可能性が出てくると思います。多くの子どもたちにプラスになるよう協力してやっていきたいですね。

今日はありがとうございました。

小沢　こちらこそありがとうございました。今後ともよろしくお願いいたします。私たちディヤーナ国際学園は、非行、引きこもり、薬物依存、発達障害、精神障害などで悩むご家族と青少年のために、これからもお役に立てると思いますので、ぜひよろしくお願いします。ありがとうございました。

5章

子どもがどんどん変わっていく もっとも効果のある家庭での改善法

発達障害があっても可能性は限りなく開けている!

お子さんが「もしかして発達が遅い……?」という疑問を持ったとき、あるいは検査などで発達障害があると判明したとき、ほとんどの親御さんは大きなショックを受けます。

それはもう、人生において最大級の重荷を背負ったかのような衝撃だと思います。

「そんなはずはない」

「信じられない」

「いずれ普通の子どもに追いつくだろう」

いろんな思いが交錯することと思います。

現状を否定したい思いのかたわら、最悪のことも頭をよぎります。

「この子の将来はどうなるのか」

「ちゃんと自立して仕事に就けるのか」

「将来、結婚はできるのか」

「私たちがこの世を去ったら、この子はどうなるのか……」

そこまで考えるとたまらない気持ちになると思います。

行政・医療機関の対応がまたそれに追い討ちをかけます。

「発達障害は一生治らないと思ってください」

「しかし、お子さんには支援学級があります」

「中等部、高等部にあたる機関もあります」

こういう対応が普通になされます。そこには希望や将来の展望は開けてきません。

こうして発達障害のある子は社会の片隅に追いやられ、人目を気にして生きていくことになるのです。私に言わせればとんでもないことです。発達障害があるといわれている子どもは、限りない可能性を秘めているのです。日本の、いや、世界の未来を背負って立つ可能性だってあるのです。

かのエジソンもアインシュタインも、子どものころは発達障害があったといわれます。後に述べますが、発達障害は脳の仕組みが他の人と少し異なるために、社会に適応しづらいだけなのです。その特徴を生かし、可能性を伸ばせば才能を大きく開花させることができるのです。もちろん、社会生活に適応することだって十分可能となります。

そのために私は、発達障害のある子どもの脳の仕組みに着目して、特別な教育法を編み出しました。それこそがEEメソッドです。

本書ではこのEEメソッドについてごく簡単に説明をします。もっと詳しくお知りになりたい方は『子どもの脳にいいこと』『発達障害児が普通級に入れた!』『発達障害児が100点満点をとった! 子どもの脳にいいスーパーメソッド』(すべてコスモ21刊)をお読みください。

発達障害の脳の仕組みがわかった!

私は発達障害を「大脳の神経伝達にトラブルが起きた状態」ととらえています。

私たち人間の脳は「左脳」と「右脳」に分かれています。

一般的に左脳は言語、概念、論理的思考をつかさどり、右脳はイメージ、絵画、図形、空間パターン(形態)、認識力、音楽、直感などをつかさどります。右脳は見たまま、感じたままを潜在意識に記憶させます。

それに対して左脳はじっくり考え、記憶したり、計算したりする働きをします。学校の勉強の多くはこの左脳を使うものです。

現代人は左脳が優位になりがちといわれていますが、本来は左脳と右脳の両方がバランスよく働くことが理想です。ところが発達障害がある子どもは、右脳がかなり優位になっていて、左脳が十分に発達していないのです。

ですから言葉の発達が遅れ、理性のコントロールが利かないので我慢ができない、奇声を上げる、頭を壁に打ちつけるなどの症状が出てしまうのです。

また、親とも目が合わないことが多い。一瞬合うこともあるけれど、じっと相手の顔を見ることがありません。これも右脳が過剰に発達しているゆえのことです。ほかにも音に異様に反応する、自分が嫌いなものを見るとパニックを起こすなどの行動が見られます。

しかし、こうした現象が起こるのは、左脳の発達に比べて右脳の発達がより早く進んでいる、つまり、右脳が「高機能すぎる」とも言えるわけです。**右脳が優れているために、普通の子どもが反応しないようなわずかなことにも脳が反応してしまうためストレスを感じてしまうのです。**情報に敏感で、目を合わせずほかの方を向いているのです。

実際、発達障害のある子どもを見ていますと、右脳の反応速度は普通児のレベルではなく、はるかに速いのです。ですから、このような右脳の反応を活かして左脳を刺激するような育て方ができれば、普通児はおろかエジソンやアインシュタインのような天才児に育つことも可能なのです。いや、だからこそ、「天才」になる可能性を大いに秘めているといっても過言ではないと思います。

これをもって私は「発達障害のある子どもは天才性を秘めている」と主張しているのです。右脳の過剰反応は「優秀性」の証《あかし》でもあるわけです。ただし、そのためには専門の「教育」が必要です。

ところが、今の学校教育ではそのあたりがまったく理解されていません。発達障害があると診断されたら、特別支援学級、特別支援学校に押し込んで事足れりとする傾向があります。

とんでもないことです。子どもの個性に合った教育をすれば、たとえ発達障害があってもいくらでも伸びるのに、それを知らずに「発達障害だから困った」と悩んでいるのです。

わが子に発達障害があるかもしれないと思ったら、まず親の意識を変えてほしいのです。「どうしてこの子は？」ではなく、目の前で子どもに起こっていることはすべて可能性の表現なのだと肯定するのです。この子は将来、日本、いや世界の政治経済、文化を背負って立つ天才性を秘めているのだと信じるのです。それをむざむざ「発達障害だから」と枠にはめてしまうなんて、何ともったいない。私に言わせれば、値千金のお宝をむざむざ捨てるようなものなのです。

結果は出ます。必ず改善できます

ＥＥメソッドは私が長年の経験から独自に導き出したことであり、現時点では学術的に認められたものではありません。

「エビデンス（科学的根拠）がない」「医学的に認められたものではない」と非難されることもありますが、何より目の前で子どもたちが改善し、自立し、さらには天才性を発揮する子どもも次々と現れてきています。ですから、私は一人でも多くの発達障害のある子どもたちの改善に時間を充てています。

私も学者の端くれですから、「エビデンス云々《うんぬん》」という意見は理解できます。それがないと不安で一歩を踏み出すことができないということも理解しています。

しかし、発達障害を改善する方法は今の医学にはないのです。エビデンスがない、改善できる治療法がない。だったらあきらめますか？

全国でどれだけの親が「発達障害は基本的に治らないものと思ってください」という行政や医師の言葉にうちひしがれていることでしょうか。

私には自信と実績があります。これまで5000以上の家族の子どもたちの改善指導をしてきた実績があります。だまされたと思ってもけっこうです。少しでも可能性を感じたらぜひEEメソッドにチャレンジしてみてください。

発達障害は、早い時期に取り組めば取り組んだだけ、結果が早く出ます。もちろん大人になってから始めても効果はありますが、やはり小さいうちに始めるに越したことはありません。脳が柔らかいほど効果が出やすいからです。

もし今、あなたがお子さんの問題行動（落ち着きがない、奇声を上げる、パニックを起こす）で困っているならば、必ず解消できます。「言葉が出ない」なら出るようになります。知的レベルが低いならグンと上昇できます。

「せめて普通学級に入れたい」「せめて人並みに、普通に」

みなさんこのように希望されますが、もちろんそれも達成できます。

本当は「普通」レベルどころではなく、「天才」を目指してほしいのですが、「発達障害があると思っていたわが子が天才だなんて、急にはイメージが湧かない」という方も多いので、まずは普通の発達レベルを目標にされてもいいでしょう。

ただし一つだけお願いがあります。このメソッドは「親」が行なうメソッドです。多くの場合はお母さんであることが多いのですが、とにかく親御さんが「わが子を改善させるのだ！」という強い覚悟を持って行なうこと、それがすべてです。

私たちはそのノウハウを提供し、みなさんに寄り添って全力でサポートします。しかし、主体はあくまでも親御さんであるということだけはしっかり認識してください。

「自分に教育などできるわけがない」

「私自身も勉強ができなかったのだから子どもに教えるなんて無理」

などとしり込みされる方が多いのですが、ＥＥメソッドには特別な知識、専門性などまったく必要ありません。

教育とは「大脳の神経回路を増やしていくプロセス」です。それは家庭の中で、日常生活の中で行なうことができるのです。

そのためにはきちんとした食生活、十分な睡眠、安定した親子関係、安心できる家庭環境が大事です。お子さんにとって、もっとも安心できる存在、そしてもっとも影響を受ける存在は親御さんなのです。

EEメソッドとは何か

では、いよいよEEメソッドの具体的な内容について説明していきましょう。

まずお子さんの発達の度合いを「EE発達検査表」でチェックします。これは576項目（現在）にわたるもので、メソッドを開始したら定期的にチェックします。もちろん、チェックするのは、お子さんの日々の様子をいちばん知っている親御さんです。

次頁にその一部を掲載していますが、できるものには「○」、もう少しでできそうなものに「△」をつけます。できないものには「×」ではなく空欄です。

この「△」印を意識してEEメソッドを行なうことがポイントです。すると、比較的早い時期に「△」は「○」になります。すなわち、お子様の能力が改善することになります。同時に、空欄だったところに「△」が増えてきます。漠然と見ているだけでは、子どもの変化に気づけず、やっぱりこの子は変わらないと気落ちしてしまいます。しかし、EE発達検査表でチェックしていると、実は子どもが確実に変化していることを実感できます。このことがどれほど親御さんの励みになるか、私もたくさんの事例を見てきました。

発達検査表(1例)

○が ついた日	△が ついた日	社会面の発達
/	/	73　一人で、服の着替えが出来る
		74　入浴時にある程度自分で身体を洗う
		75　殆どこぼさないで、ひとりで食事ができる
		76　自分のしたいことと、しなければならないことがわかる
		77　兄弟・姉妹・他の子に、しっとを示す
		78　手を洗って拭く
		79　家事が手伝える(洗濯物を運ぶ、食事の用意等)
		80　顔を一人で洗う
		81　服が汚れたら、自分で着替えられる
		82　お友達と順番におもちゃを使って遊ぶことができる
		83　お腹が空いた時、眠い時、どうするか答えられる
		84　衣服の前後・表裏がわかる
		85　好きなオモチャや服を自慢する
		86　遊具の交代がわかる
		87　脱いだ服をキチンと畳むことができる
		88　鼻をかむことができる
		89　買物をする時はお金を払う等、社会ルールが分かる
		90　大人に許可を確認できる(顔をうかがう)
		91　バスや電車で、空席が無いときは、我慢して立つ
		92　自分が作ったものを見せたがる
		93　トランプ遊び(ババ抜きなど)が出来る
		94　大人に注意されたら、その行為をやめる
		95　汚れたら自分で綺麗にする(手足を洗う、鼻水を拭う等)
		96　○○していい?と許可を求める

ＥＥメソッドの柱は大きく３本です。

①親の意識改革
②子どもの血液・血流状態の改善
③超高速での情報入力による神経回路の形成

以下、それぞれについて説明してまいりましょう。

親の意識改革——自分を責めないで

お子さんの発達段階に合わせて、適切な指導ができるのはわが子のことを熟知している親しかいません。ですから、親の意識が子どもの発達に決定的な影響を及ぼすのです

そこで親の意識を変えるには、まず親が自分自身を肯定することです。発達障害のある子どもを持つ親は心理的にとても不安定でネガティブになっています。特にお母さんは「私のせいでこの子はこうなったのだ」と自分を責めていることが多いのです。

もう自分を責めるのはやめましょう。自分を責めてもそこからは何も生まれません。

笑顔になってください。メソッドは笑顔で行なうことが絶対の条件です。逆に笑顔が作

れなければやってはいけません。

もちろん人間ですから、どうしても笑えないというときもあるでしょうが、そんなときは鏡を見て口角をちょっと上げてみてください。副交感神経が働き、リラックスします。それで十分です。

そして夫婦でほめ合ってください。「お前の育て方が悪いから」と心の中で互いを責めていてはメソッドは決してうまくいきません。

「今さらそんなこと……」と思われるかもしれませんが、最初は無理にでもやってください。ほめ合っていれば、いつしかそれが当たり前になってきます。

その際、相手の長所やしてもらってうれしかったことをほめるのはもちろんですが、「相手にこうしてもらいたい」ということをほめるといいのです。

たとえば、相手の優しさが足りないと思ったら、「前より優しくなってきたね」というのです。料理が苦手なお母さんには「前より料理が上手になったね」、家事に協力してくれないお父さんには「前より家事をやってくれるようになったね」というように。

もちろん突然言ったのではイヤミになってしまいますから、ほんの少しでも家事をやってくれたときに言うのです。これをやっていると夫婦関係が驚くほど好転します。

気絶するほど子どもをほめる！

お子さんが少しでも改善したら、大いにほめてください。それもちょっとやそっとのほめ方ではダメです。「気絶するほど」ほめるのです。

ほめることで子どもは別人のようにやる気を出し、伸びます。

どんな些細《ささい》な改善でもいいのです。気付いたらすかさず気絶するほどほめる。夫婦がお互いにほめ合うことはその練習としても大事なのです。

ほめまくっていると、ほめ言葉が底を尽いたり、単調になりがちですから、ふだんから意識して用意しておくといいでしょう。場合によっては書き出しておくといいと思います。

言葉だけでなく、抱きしめるなどのスキンシップももちろん大いに活用してみてください。

血流・血行の改善

人間の脳は大量に酸素を必要とします。何と吸った酸素の３割を脳で消費するそうです。

酸素は血液に乗って運ばれますが、血行が悪いと脳は酸素不足になり、十分に発達、機能できません。

栄養も同様です。脳に栄養が行き渡らなければ、働きが悪くなってしまいます。

残念ながら発達障害のある子どもは血流・血行不良に陥っていることが多いのです。頭が熱くて、体が冷えています。その証拠にほとんどの場合、便秘です。便秘は血流、血行が悪いから起こるのです。

血流、血行改善のための最適な方法が次に紹介する「パワーアップ体操」です。いつ行なってもいいのですが、メソッドの前は必ず行なってください。血流・血行をよくした状態で行なうことでメソッドの効果が倍増します。

このパワーアップ体操は、まず、お母さん、お父さんにやってほしいのです。それをまねしてお子さんがやるようになります。

体が温まるし、文字通り、元気が出ます。血行がいいことは健康の基本中の基本。気付いたとき、1日に何度やってくださってでも結構です。

パワーアップ体操

足を肩幅程度に広げて立ちます。肩の力は抜きましょう。

①両腕を心臓よりも高く上げて、前に向かってグルグルと5～10回回します。

②左右の肩と腕の力を抜いて、だらりと下げます。手首を体から少し離して、できるだけすばやく10秒間、ブルブルと振ります。

③さらに超高速で、小刻みに10秒間振ります。

右脳を刺激する超高速学習

発達障害のある子どもは左脳がつかさどる理性の発達が遅れている分を右脳の感性でカバーしています。そのため右脳が反応しすぎるくらいになっています。この優秀な右脳を活かさない手はありません。

右脳は高速で情報入力を行なうことで敏感に反応します。ですから、情報を入力するときは「高速」であることが最大のポイントです。高速でなければ右脳は「飽きて」しまってストレスがたまります。

EEメソッドでは、具体的にはオリジナルの超高速楽（学）習カード（特殊なフラッシュカード）を使って、動物や果物などの名前を次々とめくりながら教えていきます。この学習を行なうことでどんどん言葉を覚え、知性が育っていきます。

市販の絵カードでも代用できますので、メソッドを試してみたいという方はぜひ試してみてください。

その際、かなりのスピードでめくることが大事です。

「うさぎ、くま、たぬき、ライオン」

「りんご、ぶどう、バナナ、みかん」

と早口で言いながらどんどんカードをめくっていきます。ゆっくりやっては絶対にダメです。1枚に0・5秒もかけないぐらいの猛スピードでやってください。

スピードが速ければ速いほど子どもは集中して見ます。逆に子どもが集中しなければ、そのスピードでは遅いのです。そして絶対に忘れてはいけないこと、それは親御さんが「笑顔」で行なうことです。

「声がけ」と五つの魔法の言葉

EEメソッドでは、日常の親御さん（とくにお母さん）の「声がけ」も大事にしています。もっと言えば、親御さんが子どもにかける言葉はすべて、子どもの発達を促すメソッドの一つだと思ってください。

EEメソッドで「魔法の言葉」と呼んでいるキーワードがあります。この言葉を常に子どもにかけてあげてください。

五つの魔法の言葉

①あなたは楽しく我慢ができます。
②あなたは楽しく挨拶ができます。
③あなたは楽しく思いやりができます。
④あなたは楽しく学べます。
⑤あなたは運がいい。ついています。

この魔法の言葉は暗示の言葉でもあります。この五つの言葉以外にも状況に応じて暗示の言葉をかけましょう。我慢ができない子でも「我慢強くなってきたね」「前より我慢できるようになったね」というように暗示の言葉をかけ続けると、必ず子どもは変化してきます。さらに

「言葉がどんどん出てきたね」「どんどん覚えてきたね」「お利口になってきたね」
「前より落ち着いてきたね」「かしこくなってきたね」

と、どんどんプラスの暗示をかけましょう。

オムツの取れない子に「ウンチはトイレで♪」とメロディーをつけて暗示をかけ、トイ

レが上手にできるようになったという事例もあります。

お母さんが子どもの「この分野を伸ばしたい」ということがあったら、まず先にほめてあげるのです。そうして意識の方向付けをするのです。

「前より絵が上手になったね」「野菜が食べられるようになってきたね」などと、何でもいいのです。言い続けることによって、本当にその分野がグングン伸びます。

便秘を根本から解消する――小腸のクリーニング

食べ物を食べたとき、消化吸収するのは胃腸の働きです。特に小腸が汚れていたら栄養素を十分に吸収できません。

とくに発達障害のある子どもは小腸の状態が良好でないことが多いのです。その証拠にほとんどの子どもが便秘です。

では腸の汚れの根本の正体は何かというと、胎児のときに蓄積した「胎便」です。普通は生まれてすぐに排出されるのですが、最近は胎便がすぐに出ず、小腸にトラブルを抱えた子どもが増えています。食物繊維（フラクト・オリゴ糖など）の多い食品をしっかり取り、小腸をクリーニングすることが非常に重要です。

脳に必要な栄養素の補給

目や耳などの五感から得た情報はすべて脳に送られます。

このとき情報を伝達するのが神経伝達物質（アセチルコリン）です。ところがこの神経伝達物質が足りないと、情報が伝わりません。このことが発達障害に強く関係していると考えられます。

ですから、神経伝達物質を増やして脳の神経回路を増やすことが、発達障害の改善には欠かせません。

この神経伝達物質を増やすための栄養素が「低分子のリゾレシチン」です。脳には血液脳関門というのがあります。その血液脳関門を通過するためには低分子でなくてはなりません。レシチンは大豆に多く含まれます。日頃から豆腐、納豆などの大豆製品をしっかり摂取するといいのです。

また、神経伝達物質の働きを助ける物質として最近とくに注目され始めたのが「糖鎖、糖タンパク」です。

糖鎖とは細胞の周りに生えているヒゲのようなもので、特別な8種類の単糖類の組み合わせでできており、細胞同士の情報伝達を行なっているものです。この糖鎖はタンパク質と結合することによって細胞とつながっているため糖タンパクとも呼ばれます。

この糖鎖に異常が起こったり、不足したりすると、さまざまな病気を呼び起こすことがわかってきています。ですから、糖鎖をしっかり整えることも健康には欠かせないのです。

糖鎖は8種類の糖質栄養素から構成されています。ところがこの8種類の栄養素は現代人の食生活では不足気味です。

誤解されがちですが、砂糖など糖分を含んだ食品を多くとってもダメです。8種類の糖質栄養素をバランスよくとることが大事なのです。これらは新鮮な野菜や果物などに含まれます。

EPAと日本の伝統的な和食

「EPA」は魚の油に多く含まれる物質で、血液をサラサラにして生活習慣病を予防するといわれます。

実験で脳の炎症を抑える、脳内に蓄積された重金属を排出する力があるという検証もなされています。

ＥＰＡはアジやいわしなど背の青い魚に多く含まれています。脂肪の一種ですから焼き魚より煮魚、刺身で食べたほうがより多く摂取することができます。

リゾレシチン、糖鎖、ＥＰＡ、食物繊維といった「脳によい栄養」を考えるとき、浮かんでくるのが「日本の伝統的な和食」です。

ご飯、味噌汁、漬け物、魚料理、納豆、煮物など、日本の伝統的な食事は発達障害の改善に大きな力となってくれるはずです。

一方で、パン、乳製品、動物性脂肪分の多い欧米風の食事はお勧めしておりません。絶対食べてはいけないというわけではありませんが、基本的な食事は和食にしていただくように指導しています。

とくに牛乳については、なるべく控えていただくようお願いしています。実際、牛乳をやめたことで問題行動が減ったという事例が確かに多いのです。

そのほかに卵も要注意です。砂糖の摂りすぎも危険です。

10分間バスタイム学習法

お風呂の時間は、血行がよくなっていますから最大の学習のチャンスです。

まず風呂の温度をいつもより1度くらい下げてください。学習時間は10分間程ですから お湯が熱いとのぼせてしまいます。必ずぬるめで行ないましょう。

そして魔法の言葉や暗示の言葉を使ってどんどん声がけを行なうのです。

「前より我慢ができるようになってきたね」

「どんどん言葉を覚えているね」

「だんだん集中できるようになったね」

「ものおぼえがよくなったね」

「挨拶が上手になってきたね」

「前より思いやりができるようになったね」

などなど。

お風呂の中でひらがなや数、色、簡単な計算などの基礎概念を楽しく教えるのも効果的です。お風呂に入って体が温まると、脳が活性化しているからです。お風呂用のかな、アルファベット、数字などの表がたくさん出ていますから活用しましょう。音楽CDを脱衣場から流すのもいいでしょう。

ＥＥメソッドの具体的な実践法についてはエジソン・アインシュタインスクール協会のホームページ（https://gado.or.jp、「エジソン・アインシュタインスクール協会」で検索）も参照してみてください。講演会や親子面談のスケジュールも紹介しています。

「基本的に一生治りません」でも明るいゴールがはっきり見えた!!

大野修也くん（仮名、5歳）

修也くんの場合の改善メソッドの極意

1. 褒めながら、我慢を教える。
   我慢をして、それを褒められた時、子どもは喜びを知ります。
   「前より我慢強くなってきたね」と、どんどん褒めてあげましょう。
2. 信じて続ければ、必ず未来はある。
   個人個人で、改善のペースは違います。今日はダメでも、
   毎日チャンスは巡って来るので、次のチャンスをものにすれば良いのです。
   焦りと諦めが最大の敵です。

※エジソン・アインシュタインスクール協会会報誌より抜粋

おわりに　発達障害は家庭で改善できる！

本書を読んでいただいた方にはおわかりだと思いますが、発達障害と診断される子どもたちが年々増えています。でも、この子たちは障害児ではありません。実は、**天才の卵＝未来を拓くパイオニア＝救世主**なのです。

この子たちには共通点があります。それは「理性が使えない分、感性を使って生きている」ということです。そのために、五感がとても敏感になっています。①音に敏感、②味に敏感、③匂いに敏感、④触れたものに敏感、そして⑤見たものに敏感です。あまりに五感が敏感すぎるため、自分の感性に振り回され、自己をうまく制御できないのです。

でも、敏感だということは悪いことばかりではありません。敏感だということは、脳の一部が過剰反応しているということです。感性が過剰反応するために社会化が困難になるのです。言い換えれば、脳が部分的に研ぎ澄まされていることになります。つまり、天才性を持っているのです。

この子たちが自己をコントロールして社会化するには、０歳から６歳までに身につけておく基礎能力の95％以上を達成した上で、「我慢と自信」の能力をつけることです。どんな子でも、社会化するためには「我慢と自信」が必要です。発達障害児といわれる子どもは人一倍敏感ですから、人一倍「我慢と自信」が必要なのです。

親が覚悟を決めて、科学的で合理的なEEメソッドを楽しく実践すれば、発達障害は家庭で改善できるのです。

※　※　※

みなさんもご存じのように、２０１１年3月11日午後2時46分18秒、マグニチュード９・０の東日本大震災が発生しました。岩手県、宮城県、福島県の東北三県を中心に、茨城県北部や千葉県の一部を含め多くの人々が被害を受けました。

沿岸部の街は、最大40メートルの巨大津波によってあっという間にのみ込まれ、１５８８３人の尊い命が失われ、２６５４人が行方不明となりました。両親を失った子どもたちが２４１人、片親を失った子どもたちが１４８３人にもなっています。合わせて１７２４人です。その子どもたちの未来はどうなってしまうのでしょうか。

親の使命は子どもの自立です。わが子の自立を実現する前に、理不尽にも一瞬にして、この世から去らなければならなかった親の無念さは、計り知れません。その思いは、生き残った私たち全員が受け継ぐべきではないでしょうか。

そこで私は、親を失った子どもたちの救済のために、震災3年後の2014年3月11日に一般社団法人の災害遺児未来財団を設立しました。そして、同日に設立記念講演会を、東京・新橋のヤクルトホールで開催しました。当日、日本中から300人の人々が集まりました。

その後、会員の方々から、災害遺児に限らず、一人でも多くの子どもたちの未来を支援してほしいとの声があがりました。そこで2015年5月、定款を変え、同時に一般財団法人「子どもの未来支援機構」と名称変更し、現在、公益財団法人の認定申請中です。

私からお願いがあります。これまでの人生で蓄積してきた皆様の貴重な体験や豊富な知識を、子どもたちの未来のために使っていただけませんか。自立できずに困っている子どもたちの未来を少しでも支援していただけませんか。これからの皆様の人生の一部を使って、少しだけ人類の未来に貢献していただけませんか。地球の未来に貢献していただけませんか。

もし、少しでも賛同いただけるのでしたら、ぜひ、左記のホームページをご覧になって、私たちの活動へのご理解をいただきたいと思います。よろしくお願いします。

エジソン・アインシュタインスクール協会のホームページ　https://gado.or.jp

子どもの未来支援機構のホームページ　https://kodomo-shienn.or.jp

２０１７年３月

一般社団法人エジソン・アインシュタインスクール協会代表
一般財団法人子どもの未来支援機構理事長
鈴木昭平

本書は2015年小社より刊行された『一度は死にたいと思ったこと、ありませんか？　子どもの将来を心配していませんか？』を大幅に書き改め、加筆・再編集し、刊行したものです。

発達障害は家庭で改善できる

2017年4月21日　第1刷発行
2018年3月20日　第5刷発行

著　者———鈴木昭平・小沢 隆

発行人———山崎 優

発行所———コスモ21
〒171-0021　東京都豊島区西池袋2-39-6-8F
☎03(3988)3911
FAX03(3988)7062
URL http://www.cos21.com/

印刷・製本——中央精版印刷株式会社

落丁本・乱丁本は本社でお取替えいたします。

定価はカバーに表示してあります。

ISBN978-4-87795-350-8 C0030